陳良基

創新的人生

推薦序

難怪，陳老師是如此另類的教授

之初創投創辦人／**林之晨**

我跟陳老師認識近三年了。最初是應他之邀回台大幫忙輔導他設立的創新創業學程裡的學弟妹們，後來台大創業風氣漸興，陳老師想進一步讓這股力量能與產業接軌，又找了我們幾個人一起創辦台大創聯會，把許多創業有成的校友凝聚起來，開始有了傳承的味道。

接著他被國科會旗下的國家實驗研究院借調去當院長，看到國科會每年撥出三百多億經費支持研究，但實際商轉的項目卻非常有限，陳老師又忍不住要動手改革。借鏡他在台大推動創業的經驗，陳老師設計出了創新創業激勵計畫，用種子資金鼓勵所有研究人員玩真的，把實驗成果拿出來創業。計畫一出，陳老師又找我幫忙顧問與評審工作，我也爽快的答應。在過程中目睹全國數百支研究團隊真的動起來，在他的激勵下開始試著創業，實在令人佩服。

不久後他卸下國研院職務，回台大接任學術副校長。除了繼續推動創創學程、創聯會，以及新設立的台大創業車庫、創業天使等計畫，心繫改革的他還是常找我們聊天，一起思考如何能讓台大不斷進步。

這是我之前認識的陳老師，一個擇善固執、堅持改革，絕不被現狀所拘束的另類教授。我常好奇是怎麼樣的人生經驗，形塑了他這樣獨特的性格，直到今次讀完他這本《創新的人生》，一切的謎底才終於揭曉。

十五歲以前的農家生活，給了他與時間賽跑、堅持到底才有收穫的價值觀。小學五年級一場鬼門關口的血管瘤手術，讓他有了正面面對生死的人生態度。末班車擠上建中後隻身到台北讀書，使他得到自律與敦促自己的能力。在大學帶領數百人國樂團的經驗，則給了他領導與臨機應變的能力。在研究所主動追逐電子與ＩＣ趨勢的豐碩成果，則給了他擇善固執的勇氣。

就像他書裡引述Steve Jobs著名的史丹佛畢業演講內容所說，這些人生中的點點滴滴，往前看並不知其關連性，只有當你往後看，才能了解它們如何連成一線。當然，我們無法重複陳老師走過的道路，但從他這些人生故事，我得到了非常多的啟發。

推薦序

做好準備，等待機會！

基亞生物科技董事長／**張世忠**

從雲林縣褒忠鄉的農村子弟，成長為國際電子數位影像科技大師和學術教育宗師，我們在作者成功身影的背後看到的是：態度、努力、知識、創新、膽識和堅持。因為有刻骨銘心的成長經歷，才能雕琢作者美麗璀璨的人生。

「不要讓大學的畢業證書成為你人生最大的成就」，因為方帽子之後才是人生的開始；怨嘆家庭與社會環境，倒不如努力充實自己，做好準備，等待機會。有朝一日，在成功的光環下，你就能創造環境、改變環境。願與讀者共勉之。

推薦序

以熱情學習，迎勇敢創業

台北市立建國中學校長／**陳偉泓**

這是一本讓你看了第一篇文章就急著想要一口氣讀完的一本書！一篇篇文章娓娓道來，不疾不徐地述說著一個個動人的故事。身為高中教育工作者，面對台灣的教育困境，對於陳良基教授的教育理念有許多共鳴，閱讀此書時內心的衝擊，碰撞出更多的認同和體認，期待台灣的教育能為我們的下一代帶來更為寬廣、更為創新的學習場域與機會，讓我們的下一代在未來的激烈競爭中脫穎而出！

看這本書，讓我感覺在看許多故事，看到了……

一個負有使命卓越教師的生命故事；也是一個給予學生不同機會的杏壇故事。

陳教授以「農耕式教育」啟發每一個他教過的孩子，以「任重而道遠」的使命感獻身教育，讓每一個孩子適才適所，發揮所長；激勵每一個孩子奮力向上，把握學習的機會，「不要讓大學畢業證書成為人生中最大的成就！」。

一個農家小孩刻苦向上的成長故事；也是一個離家求學努力奮鬥的勵志故事。

物資缺乏，經濟困頓的年代，造就陳教授堅毅刻苦的個性，不畏艱難與挑戰；在建中和大學的求知歷程中，以自發的熱情為動力，展現自律的學習態度，良好的時間規劃與管理，有限的時間完成有效的學習，苦讀英文的精神是自主學習的最佳典範，

一個前瞻卓越以終為始的研究故事；也是一個引領創新創業風潮的校園故事。

陳教授的教學與研究，一直秉持著，「要做，就要做到最好。」以終為始的研究觀，是一種處事觀，更是一種人生觀。凡事以系統化的觀點思考，可以觀察與思考別人所沒有看到的問題與解決方案。以創新為師，創造出校園內「最好的」價值，帶領校園創新團隊，做出好研究並建立創業平台，在研究與創業上均獲得許多殊榮。

一個研究發展產業創新的結盟故事；也是一個鼓勵夢想從無到有的冒險故事。

由「技術移轉」到「產學合作」，不僅加速了研究，也提高了研究成效，讓學界與產業雙贏。不僅提升科技業的研發環境，也使得實驗室的研究更

有意義，產生更大的影響。如此的微妙轉化，才有化不可能為可能的動力與機會，由影像壓縮的概念轉換成「解放影像的靈魂」，形成３Ｄ影像關鍵技術，就是最好的例證。原本五年未曾在ＩＳＳＣＣ中發表論文，「ＬＧ變法」讓台大的研究產生了跳躍的現象，論文數連續五年世界第一，原來創新不僅要有熱情，也需要管理。

雖然這本書的文章述說的是一位大學老師如何教導學生的故事，但在故事中卻隱含著許多道理，教導年輕學子面對未來應如何學習，以及所應具備的正確態度；教導年輕人如何以創意和創新迎接多變的時代，為年輕人高舉一盞明燈。在這個充滿困難和挑戰的時代，這本書提供了一個十分正向的引導，似乎對時下的年輕人呼喚著：「熱情主動的學習，發揮創意與創新，做好準備，勇敢創業吧！」

推薦序

創新，就是力量！

國立成功大學校長／**黃煌輝**

一位樸實的鄉下小孩，在歷經長期填鴨式的教育後，順利步入人人稱羨的學術研究殿堂，理論上，他的言行會著重在學術成就的表現，然而陳良基教授卻以「創新的人生」作為本書之主軸內容，分享他對於人生的獨特見解，令本人感到十分驚奇。

然而詳讀內容後，發現陳教授將傳統的學術研究轉化至新創的領域，是有其脈絡可循的道理：陳教授從中小學到成大的碩博士教育，都經過嚴謹的歷練，奠定扎實的學術基礎，並在不同的城鄉環境中安身，進而體會如何精進自我，突破窠臼，以尋求創新的呈現，因而造就陳教授體內創新的基因，屢屢出現令人驚豔的成果。

大部分的教授都屬於天馬行空的理論派，而且喜歡抱著理想自娛，鮮少教授能深入考慮其研究成果有何實用價值，因而產生學術與產業間之落差。事實上，學術研究者若能多花點心力思考上述問題，對於社會民生將有極大的貢獻。陳良基教授不但能堅持此理念，並擁有冷靜分析社會需求與超越現況的思維，所以才能將其研究成果轉化為社會的需要，此乃陳教授堅持物以「需」為貴之實踐。創新需要敏銳的觀察力，符合社會需求的創新才能顯示其價值，有價值性的創新才能落實成為產品。陳良基教授在他受教、服務及教導學生過程中，有過人之體會與領悟，才有今天傑出的成就，希望讀者能用心去了解當中的道理，不但對於未來的人生必有助益，相信也可促成臺灣未來產業的創新發展。

推薦序

不斷前進的拓荒者

國立臺灣大學校長／楊泮池

陳良基教授與我曾在教育部共事，當時我擔任顧問室主任，他則是負責推動積體電路教育計畫的顧問。從那時起我就對陳教授印象深刻，他不只是點子王，更具備了十足的行動力、執行力。

在我擔任臺大醫學院院長期間，我便邀請陳教授來協助推動醫學院的創意訓練，幫助醫學院的學生們跳脫固定思考的框架。後來陳教授也在臺大開設了創新創業學程，積極推廣創新的觀念，幫助還未踏出校園的年輕人，成為未來的創業家，陳教授的精神與行動力讓我佩服與感動。

我深信，創新是促進社會進步與發展的重要元素，能夠發揮巨大、無遠弗屆的影響力，更是臺大學生在學成畢業後必須回饋給社會的正向力量。因此，二〇一三年我出任臺大校長一職後，積極延攬陳教授回臺大，陳教授也本著培育英才的理念，放棄在外的發展與機會，接下學術副校長的重責大任。創新的動力促使陳教授回到校園裡，培育更多具有競爭力的下一代，一起為提升臺大卓越研究、創意教學而努力！

《創新的人生》，是陳教授從純樸農家子弟到縱橫學術、優遊科技產業的心路歷程，相信讀者們一定能從他的人生經驗中獲得不少啟發，增進不少創新點子。

陳教授的學術成就斐然，投入教育界三十多年的他，「良師興國」一直是他重要的任務與使命，他諄諄善誘提供學生肥沃的學習土壤，讓他們有更廣闊的發展空間。

孟子說：「生於憂患，死於安樂。」陳教授鼓勵大家，勇於跳脫舒適圈，追求不斷創新的人生；他本身也自我實踐，在教育這條路上不斷創新，為年輕人開闢創新的道路，這種強烈的使命感和拓荒者精神，我深深佩服！

推薦序

創新教育的典範

群聯電子董事長／**潘健成**

認識陳良基老師是當他借調至工研院電子所擔任所長時。在這之前，已耳聞陳老師大名，也知道老師在業界的份量及桃李滿天下。老師為人低調且樂於助人，也非常關心台灣電子產業的長期發展。

老師在台大開了一門創業課程，我幾乎每年都會到課堂上跟同學們分享群聯電子創業過程的酸甜苦辣。看著一兩百位同學們組團模擬創業過程，積極討論提問，活力充沛，深深感觸到老師引燃年輕學子們的求知熱誠，也可看到台灣未來產業的新動能。誰說八年級生是草莓族？他們缺乏的只是適時的啟發及引導，他們在老師課程中所聽到看到學到的正是點燃了他們新創動能的火苗。

台灣的電子產業現今面臨到急迫轉型的挑戰，因資訊的快速流通而造成競爭加劇，產業需要更多的生力軍來維持及開創新的版圖。我個人深深的認為生力軍的培養不可以依賴於產業界，因為以現今的需求來看，遠水救不了近火。各大專院校及研究所除了傳授課本上的專業知識外，更應該讓學子們可以多方接觸到不同的層面，如團隊的組成及運作、財務的基本知識、技術的實務操作、問題分析及處理、人際關係之養成等等。學校更應該加強訓練的環境及培養更多的師資，陳老師這些年的實施案例足可以做為最有效的參考。

陳老師來自於經濟壓力較大的農業家庭，自小就必須要下田幫忙，也必須要規劃自己的前程，這養成了他刻苦耐勞的個性，也更瞭解凡事要成功必須要投入等比例辛勞。今日我個人最擔憂的是，由於媒體過度報導成功人士的光鮮一面，而讓學子們認為成功是一件輕易的事，這會誤導他們的價值觀及做出人生錯誤的判斷。陳老師的人生故事也可充分分享成功絕非偶然的。

群聯電子之所以可以在團隊畢業後創業，在很短的時間內獲利及成長，這固然是因為踩入了快速成長的快閃記憶體應用產業，但是真正的原因是因為在校時受到恩師的指導及提攜，讓我們在當學生時就可以接觸到創業的過程，開發產業界所需要的應用技術及業界人脈之擴展。故群聯之所以會有今天的規模，吾等在校所受的教育以及恩師的提攜功不可沒。

固然並非所有的畢業生都要走上創業這條路，但在校時能多親身體驗更多的創業過程，這對每一個學子在未來的職場生涯有莫大的幫助。也期許在陳老師的鼓勵帶動下，多培養更多全方位的科技人才，以使得台灣在這超級競爭的電子產業技術發展道路中走出一條康莊大道。

推薦序

過程與結果一樣重要！

王品集團董事長／**戴勝益**

我的計步器已經配戴了十餘年，不可一日無它。

每走一步，計步器就累積一下，感覺上「日行萬步」好像不是為了健身，而是為了累計數字跳增的成就感。

有天早上，居然忘了配戴計步器就匆忙出門；從我發現身上沒有配戴計步器的那刻起，就覺得自己混身不對勁，走起路來顯得有氣無力，甚至感覺任何步行都是多餘的。

直到我專程回家拿計步器，把它配戴在身上後，才又恢復走路的自然節奏。

正如陳良基教授所說，凡事堅持與執行力是二個不可缺少的要素。而「過程」與「結果」一樣重要，因為結果是一時的，但過程中所受到的訓練與收穫，卻是影響一生且受用無窮。

透過書中的創新觀念，從此，你的人生會變得不一樣！

自序

創新是動詞，不是名詞！

這幾年台北地區的房價節節高升，我常常都為剛進入職場，上班地點又在台北的朋友感到憂心。我想起十五歲時剛從雲林鄉下北上念建中，走在繁華的台北街頭，看著路旁一棟棟樓房，想著自己在沒有任何背景、靠山的情形下，不知何時才能成家立業，那時真的有種「何處是兒家」的感慨。

小時候，家鄉那句俗語還猶在耳邊：「呷台北水，沒肥嘛水！」既然離鄉背井在外打拚，總得闖出一點名堂，才不辜負鄉親父老期待的這股強烈信念，也逼著我一路向前衝。所以，我根本不敢、也無暇回頭看看自己走過甚麼路。只希望自己能夠盡量掌握上天所賜的機會，努力往前進；期望在人生有限的時間內，創造出生命最大的價值。

弘一法師有句名言：「君子得意而憂，逢喜而懼。」正是我的心情寫照。

我在跟學生聊天時常常提到，小時候的心願，只是希望過著可以溫飽的生活，有個美滿的家庭。如今，我的願望早已達成，老天爺還多給了我許多的資源，似乎是想透過我的手，幫助社會上更多有志氣，但卻資源不足的人，也能勇於開創屬於自己的康莊大道。

因此，我心中的奮鬥目標早已從為一己之利，走向為更多年輕朋友創造機會的願景上。我常說自己像是在耕種「科技田」的園丁，我們培養的年輕下一代，個個都是絕頂優秀的好種子，只要能將他們成長所需的環境，包括養分、水分、土壤……等等照料好，必能幫助他們發揮自己的天賦。希望將年輕人都能培育成為社會資源的價值創造者，而非社會資源的消耗者。

由於時代飛躍般的進步，我覺得現在的年輕人比我當年要強太多了！當然，因為資訊流動快速，年輕人的競爭對象已經不再只是身邊的同學、周圍的鄰家子弟，而是來自全世界各個角落的好手。但是，我一直堅信，只要讓這些年輕人能像我們當年剛踏出校門一樣，有足夠的工作機會等待著他們，他們的表現絕對會令人刮目相看！

不管從事哪種工作、哪種行業，「不停創新」絕對是未來世界的價值所在，必須保持「沒有最好，只有更好」的企圖心。希望本書中傳達的創新人生觀念，能帶給年輕朋友一些啟發，並且鼓勵許多一開始缺乏資源、飽受挫折的朋友，勇敢地追逐自己的夢想。

當然，在追尋夢想的過程中，有時難免會因現實狀況停頓下來，而停久了就很容易滯留在「舒適圈」。

我在國研院時，曾經特別寫了一段話鼓勵同仁：「志工之可貴，在於他／她願意隨時勇於走出舒適圈，幫助需要幫助的人；哪裡有困難，就往哪裡走，水裡來，火裡去，不計個人得失，只為使命與願景。」

我總是鼓勵學生及工作團隊一定要跳脫自己的「舒適圈」，人如果在同一個環境待太久，往往會愈來愈自我設限，不敢離開熟悉的環境，跨進陌生或未知的領域。如果我們能走出自己的象牙塔，多和他人交流、學習，透過與其他人的討論切磋，就可以消除對未知的恐懼。

我從一個鄉下來的孩子，一路跨越了許多界線，到達臺大，以及世界頂尖的學術殿堂；每次熟悉了四周的環境後，其實也很想停留在安逸的「舒適圈」裡。但在科技界待久了，深知面對這個變幻莫測的世界，只有不停的創新，才有真正的立足之地。

期待更多的年輕人，不要再抱怨社會大環境不好、沒有充足的資源，就讓我們不停地跨越極限，不斷的創新，而美好的未來將在前方等待著。

目錄

第一章

百年樹人的農耕式教育

適才適所，才是最好的發展

每個人都有自己的天賦、資質，
為人師表要做的就是提供學生充足的養分，讓他們有成長茁壯的機會。

二〇一二年，我應全球知名的網路平台TEDxTaipei之邀上台演說，演講主題是「創新的扎根教育」，分享了我從一個來自窮鄉僻壤的農家子弟，到踏上學術殿堂、致力推廣新創教育的心路歷程。

我從二十五歲那年開始擔任大學講師，一轉眼，不知不覺已過了三十多個寒暑，而我的心情也從「得天下英才而教之」的喜悅，轉變成肩負著「任重而道遠」的使命感。

「良師興國」是我經常勉勵自己的一句話，我希望學生們離開我的課堂、實驗室之後，都能成為這個社會的中流砥柱，做一個對社會有用的人。

我在教育崗位上多年，始終秉持著「農耕式教育」的理念來教導學生。

我總覺得學生們就像在農田裡的種子一樣，每個人都有自己的天賦、資質，為人師表要做的就是幫助學生，把基本功扎實地做好，千萬急不得。就像種田一樣，根要扎得深，才能長得好，「揠苗助長」反而沒有幫助。適時的激勵、引導學生，才能激發出他們更大的潛力。

有句俗語說：「一枝草，一點露」，每枝小草上天都會賜與一滴露水，讓它存活下來。我常覺得從事教育工作也是如此，我期勉自己盡最大的努力，提供學生充足的養分，打造更多的學習資源及平台，讓他們「雨露均霑」，有成長茁壯的機會。

適才適所、發揮所長

我在台大電機系任教多年，它是國內理工科的第一志願，學生優秀的程度自不在話下，但我經常看到一些學生做到不對、不適合自己長處的研究題目，雖然很用功，但過程中非常痛苦，成果也有限，將來似乎也很難朝這方面繼續發展。

我曾經指導過一個學生做研究，他在入學考試時，數學考了滿分一百分，我猜想他對數學推理應該很擅長，就找了一個和數學應用有關的研究題目給他，果然讓他有所發揮。

另外一個學生數理很強，但英文不是很好，問我將來的發展是否有限？我告訴他，「英文可以溝通就好。重點應該是：除了外語之外，你有人家非要不可的專長嗎？」

每個人的潛能都不一樣，在求學時，不要只在乎課業成績好不好，而要經常審視自己的長項是什麼，未來在進入職場時，有什麼可以發揮所長的地方。

我在教導學生時，當然希望他們將來能有美好的未來。因此，我會觀察每個學生的學習經驗與能力，找出哪些是他們可以發揮所長的，希望幫助他們培養更多在社會上立足的生存實力。

我有個學生，他很怕在公開場合中說話，也許因為不善於表達的緣故，他在講話時常常缺乏自信、結結巴巴的，看起來像個小媳婦一樣。

我很擔心，他就算拿到了博士學位，在工作上也會碰壁。後來，我仔細觀察，發現他的個性謹慎，做事細心，執行力很強。

在實驗室做研究時，通常每個計畫會有一個主要的專案負責人，其他人則幫忙協助執行，例如寫程式、偵錯……等這些雜事，需要非常細心才能做得好。而每當計畫交到這位同學手裡，他總是可以做得非常好，讓大家都很放心，稱得上是一位優秀的「幕僚型」人才。

當他博士班畢業準備就業時，我在推薦信中大力推崇他的執行力。後來這位同學不用經過面試，就有企業高薪聘請他。

從他的身上可以印證，只要找到自己的長處，一定會有屬於自己的舞台。

我曾經在報紙看到一篇報導，某家房仲業的房屋成交冠軍，竟然是一位盲人！由於這位盲人少了視覺的刺激，觸覺、嗅覺特別靈敏，因此，只要一踏進室內，便知道這間房子的空氣是否流通？氣場順不順？住起來舒不舒服？讓客戶格外信賴他。

這個例子說明了每個人生下來就是不同的個體，無須妄自菲薄、跟別人比較，而是要努力找到自己的「定位」。

有句話說「弱水三千，只取一瓢飲」，我認為，只要找到一項自己喜歡的、可以盡情發揮的專長，努力去做就夠了。「適才適所」才是一個人最好的發展。

生涯規劃，不是走出校門才開始

我認為，每個人應該從高中就要開始思考：「我未來想做什麼？我的人生藍圖是什麼？」這個課題。

有個朋友的孩子，即將踏進大學校門，很擔心將來畢業後的出路問題，看到有些大學畢業生進入職場只能領22K（月薪兩萬兩千元），他問我的看法，希望能給他一些建議。

我告訴他：「生涯規劃，應該從進入校門就開始！」

我經常跟學生談到生涯規劃，討論各種人生階段的選擇。我告訴他們，人生能力的強弱，是由上天決定，我們沒辦法自己選擇，但是我們可以趁著年輕時，學習認清自己的優劣勢，發揮自己的強項，補強自己的弱點，選擇自己真正喜愛的人生道路。

雖然學生還年輕，不一定聽得下去我的嘮叨，但我相信，總有一天，當他們碰到人生的重要抉擇時，或許會想起我曾經說過的話。

也許這些叮嚀三十年、甚至五十年後才派得上用場，但希望可以在那個關鍵的時間點，幫助他們做出更好的選擇。

我認為，每個人應該從高中就要開始思考：「我未來想做什麼？我的人生藍圖是什麼？」這個課題。

如果可以的話，最好把未來人生想要實現的夢想，好好地想一遍。千萬不要覺得高中生還涉世未深、不懂事，其實高中正是人生轉捩點的時刻。

為什麼說高中時期？那是因為一個人到高中為止，未來社會生活所需的常識大體已完備，即將進入大學，接受不同科系的專業訓練。

台灣是個學歷至上的社會，很多老師、家長在教育孩子時，往往只重視社會上的主流價值，要求孩子念最熱門的科系，將來從事高薪的工作。而孩子本身若沒有去思考過自己到底擅長什麼，往往也就盲目地跟隨著大家的腳步走。

我曾經教過一個學生，他對音樂很有興趣，彈得一手好吉他，並且組了一個樂團，經常在校園活動中表演。畢業後他進入聯發科工作，不僅表現出色，也獲得了上司的重用；他經常利用工作之外的閒暇時間繼續練團，在聯發科的尾牙上，還帶領樂團上台表演，獲得了滿堂彩。

後來，他為了實現對音樂的夢想，便辭去工作，出國進入音樂學院進修，學成後回國，成立音樂工作室，繼續組樂團，熱情地從事音樂相關的工作。這樣的人生規劃，我覺得也是個很棒的抉擇。不一定要有份朝九晚五的工作，或是人云亦云、隨波逐流。

我常告訴學生，如果可以提早規劃自己人生的方向，從念書時就開始想：「走出校園之後，我跟別人有什麼差異性？」便會努力充實自己的專業技能，等到大學畢業時，就不用憂愁找不到工作，能夠信心滿滿的踏出校門。

面對就業問題，大學生應該要保持一個心態：站在老闆的位置想事情！請你設身處地去想，身為一個企業的老闆，為什麼要聘用這個員工？你有什麼獨特的價值，值得公司高薪聘你去工作？如果你是老闆，願意給自己多少起薪呢？

如果你沒有特殊的長才，做的事情是可以被任何人取代的，就不能怪老闆沒有給你高的薪水，因為那是你的工作價值的呈現。

大學是人生中的黃金期，要好好利用這四年的光陰，努力替自己的專業能力加值。

有些同學在大學期間利用寒暑假去實習、打工，想要提早在職場中「卡位」。我認為，不論是因為家裡的經濟有需要，或是想要提早了解職場的狀況，都可以放膽去外面闖闖、看看。

年輕人承擔風險的能力本來就比較高，不妨試著多方面去嘗試、體驗各種難得的經驗。

另一方面，如果經濟許可的話，我也鼓勵學生在學時出國「壯遊」，趁著年輕還有體力時，努力打開自己的眼界，累積更豐富的人生經歷。如果是研究生，更建議盡量利用寒暑假去業界做「Internship」，實際到第一線去了解研究者會面對的真正問題。

記得我還是博士班學生時，有一天在專業雜誌上，看到某國立大學徵求系主任的廣告。當時我突發奇想，跟博班同學們說：「如果該系請我們去當系主任，我們到底夠不夠資格？敢不敢去？」

在討論過程中才發現，就算真的給了我們這個大好機會，我們也是完全沒有準備好的！

我們常聽人說：「機會是留給準備好的人！」

如果你懷抱著遠大的夢想，平時就該留意實現夢想所需要的條件，做好準備，等時機到了，機會自然就是你的。

工作看長不看短

「學問之道無他，求其放心而已矣。」

任何求學問、懂道理的路途沒有什麼竅門，只是看你有沒有「用心」去做。

有次我去聆聽台大校友、國泰金控蔡宏圖董事長回台大的演講，在演講後的問答時間，有人請他講幾句話，勉勵即將畢業的學弟妹們。

他說，很多人通常一畢業最想做的是找一份賺錢的工作，但他建議學弟妹抱持正確的心態，找工作時應該要看遠一點；如果這份工作對未來的人生很有幫助，就算是份眼前看來沒有「錢途」的工作，也應該努力去爭取。我覺得這樣的心態是對的，也常以此例子來與同學們共勉。

很多大學畢業生，在意的是職位的高低、薪水的多寡，但我認為，工作應該要「看長不看短」。

一個人的工作生涯少說有二、三十年，如果只求前面一、兩年的待遇，是很短視近利的。我鼓勵年輕人在工作的前幾年可以盡量去嘗試各式各樣的挑戰，找到自己真正想要走的方向，也挑戰自己的極限和潛力。

我在農村出生、成長，當時多數人的生活普遍困苦，工作只求溫飽而已。現在的社會物質條件充裕，年輕人對於工作的期許也變得比較多元化，這當然是好事。可是，很多剛畢業的年輕人卻反而迷迷茫茫，不知何去何從，也定不下心，沒有辦法找到可以發揮的舞台。

我有一個博士班學生，在大學的成績相當優異，常常拿到書卷獎，曾經去美國麻省理工學院（ＭＩＴ）做研究。我還記得當初他來找我擔任他的指導教授時說：「我想做世界一流的研究，我已上網查閱過許多世界知名的實驗室，覺得老師的實驗室是最棒的！」

這句話出自一位優秀的學生口中，著實令我戒慎恐懼，生怕萬一無法帶領他做出令人亮眼的成績，真的是誤人子弟。不過，我也告訴他，實驗室的環境只是被動的基礎，重要的是他主動積極的學習態度。

在他攻讀博士學位的過程中，我也不時激勵他，共同挑戰艱難的關鍵問題，一定要做出領先世界的研究。他的表現也非常傑出，後來在影像壓縮與辨識的研究中得到國際學研界的肯定，抱回了不少國際比賽的大獎。

畢業後他放棄人人稱羨的教職，投身產業界，他說：「我想當一輩子的工程師！」

在工作上，他十分享受寫程式、研發新產品的樂趣。當他在國內某家電腦上市公司工作幾年之後，做出了亮眼的成績；此時，他說想試試自己的身手，挑戰更大的舞台，申請到美國最負盛名的半導體公司工作，我很樂意地幫他寫了推薦信，不久就聽到他被錄取的消息，在矽谷繼續實現他的工程師夢想。

這位學生很清楚自己的目標是什麼，一步一腳印地朝著夢想的階梯前進。反觀時下很多大學畢業生的通病是眼高手低，經常感嘆自己懷才不遇，卻又不願在工作崗位上腳踏實地的付出努力。

我常舉孟子的名言為例，「學問之道無他，求其放心而已矣。」任何求學問、懂道理的路途沒有什麼竅門，只是看你有沒有「用心」去做。工作也是一樣，當你抱持著凡事用心的工作態度，就不會覺得工作一成不變，懂得隨時留意四周環境的變化，從小事中不斷學習；也不會處處和別人比較、一爭長短，而是想辦法提升自己的競爭力。

不要讓台大畢業證書成爲你人生中最大的成就

能夠過關斬將考上台大的學生們大多是天資聰穎的天之驕子，但是，「不要讓台大畢業證書成為你人生中最大的成就！」卻是我對這群畢業生最深的期許。

有一次，我請一位業界很成功的公司創辦人來課堂上，與同學分享創業的經驗，演講中他特別提到：「不要讓大學的畢業證書成為你人生中最大的成就。」我對這句話感觸很深，因此也常常以此提醒學生。

每當驪歌聲揚起，走在台大校園裡，不時可以看到那些穿著學士服、拿著相機拍照留念的畢業生歡樂又惆悵的身影。

畢業前夕，有些學生難免對未來感到彷徨，會來找我談談。

「老師，我要申請出國唸書還是先工作好呢？」

「老師，現在有A、B、C三家公司的工作機會，您覺得哪一家比較好呢？」

通常我不會直接給學生建議，而是將這些問題的優勢、劣勢，未來的發展，一一分析給他們聽，我一定會強調，他們必須自己做決定。

理由很簡單，任何一個選擇，也許接下來一切都很順利，那當然很好。可是更多時候，走向未來前進的路上難免會碰到大大小小的阻礙，如果是別人幫忙做的選擇，心裡多少會有「都是你的建議，害我陷入麻煩」的牽拖，往往也減低了衝破困境的動力。換個角度來說，「如果是自己選擇的道路，遇到挫折時才不會怨天尤人，反而往往能夠激發鬥志，堅持下去！」

我相信，能夠過關斬將考上台大的學生們大多是天資聰穎的天之驕子，但是「不要讓台大畢業證書成為你人生中最大的成就！」卻是我對這群畢業生的期許。

在漫漫人生中，學校教育只佔了一小部分；進入社會之後，還有更多的考驗在等待著他們。因此，除了祝福之外，我也寫下了對同學們的期許和鼓勵，放在我的台大個人簡介網頁上：

盡人事，聽天命：

我一向要求做任何事都要全力以赴，把它當成一輩子只有這次機會般去準備它。唯有盡到該盡的事前準備，才有收成的可能。

盡人事不代表一定成功，畢竟還有許多機運存在。但我常說「Fail to plan 等於Plan to fail」，不準備的結果大多就是等著事後的懊惱和悔不當初了。

我看過太多這類實例，Meeting時也一再強調，盼大家未來能身體力行。簡言之，記得把IC Design 的 Simulation（事前模擬），Emulation（實地測試），Verification（完成後的檢驗）等方法用在事情的準備上。

三人行，必有我師：

在我心目中，個個學生都是優秀、獨特且唯一的。每個人都有自己的特色和專長。其實我的指導也只是盡力讓學生在實驗室豐沃的環境中發揮自己的專長而已，我從學生身上學到的更多。然而，在學校，老師會時刻提醒你對錯是非，但在社會上，諍友難尋，一般人頂多是遠離你，而不會指點你。所以在外頭，要能以他人為師，常存尊重、學習之心，使自己能不斷成長。

樂觀、積極、主動、進取：

人生中，許多事或許不盡如意，但這就是人生。挫折在所難免，機運也不會一直跟隨著你，所以對於任何事情，最好還是以正面積極的角度去看待它。因此，只要自己真的盡心盡力去做，失敗時頂多掉掉眼淚，擦乾眼淚，又是嶄新的開始；將今日的挫折，轉化成明日成功的基石。許多時候，順勢而為之，積極樂觀地面對問題，人生是會有許多機會的，就看我們如何去掌握。

重承諾：

我在Meeting時提過許多成功企業的人脈關係。人脈也可看成是人與人之間日積月累的信賴，而是否重視承諾，就是其間一大指標。能否在Deadline前將報告完成，雖是小事，但一而再的遵守與達成，就是朋友間互相評價的重要參考值之一。

其實這些話都是我平日苦口婆心、再三叮嚀學生的，期盼學生們不要忘了，在學校、在實驗室、在Meeting時所學到的一切。

我也告訴學生，儘管社會多變，但道理不變，願大家「身要動，心要靜」，常保一顆沉穩、純真之心，未來是屬於你們的。

Tips

- 趁著年輕時，學習認清自己的優劣勢，發揮自己的強項，補強自己的弱點，選擇自己真正喜愛的人生道路。
- 面對就業問題，大學生應該要保持一個心態：站在老闆的位置想事情！
- 「學問之道無他，求其放心而已矣。」任何求學問、懂道理的路途沒有什麼竅門，只是看你有沒有「用心」去做。
- 當你抱持著凡事用心的工作態度，就不會覺得工作一成不變，懂得隨時留意四周環境的變化，從小事中不斷學習。
- 只要自己真的盡心盡力去做，失敗時頂多掉掉眼淚，擦乾眼淚，又是嶄新的開始；將今日的挫折，轉化成明日成功的基石。

第二章

從田庄到台大

農家的孩子

從種田中，我學會要先盡力做好自己該盡的本分，再來「盡人事，聽天命」。

民國四十五年，我出生於雲林縣褒忠鄉新厝村，它位於西螺與北港中間，全村人口不到七十戶人家，居民皆以務農為生。

十五歲之前，我可以說是一個標準的小小農夫；農忙期間，常常每天早晨天剛微亮，就要跟著爸爸媽媽、哥哥姐姐們到田裡幫忙，等到上學時間快到了，才趕快回家吃早餐，然後走路去學校。放學之後，也常需要去田裡幫忙做拔草等雜事。

小時候，家裡的經濟情況不好，唯一的收入來源就是農作物。到了播種季節，一般農家大多是向農會或親友借貸買種子、肥料，等到收成時，如果農作物賣得好價錢，便可以還債，且有餘錢過年、過冬；如果收成不好的話，就得負債過年。

為了提高收入，除了一般大家常種的稻米、地瓜、花生之外，我父母親也努力找尋有比較高經濟價值的農作物。每一年他們都會苦思到底要種什麼才好，包括西瓜、蘆筍、花生、芝麻……，這些都種過。印象中，我參與過好幾次蘆筍的耕種工作。

蘆筍田矮矮的，以小朋友的身高來說很適合穿梭其中，所以從國小開始我就是最佳童工，在蘆筍生長及收成期間，幾乎每天都要下田幫忙翻土挖蘆筍。

蘆筍非常不好種，尤其採收的時間點，決定了能不能賣到好價錢。最佳的採收時機，是在每天黎明前、曙光漸露出時，趕緊採收地底下正要探出頭的新鮮蘆筍，如果蘆筍被升起的太陽照射到，尾端最甜美的白色部位會變成綠色，那就賣不到好價錢了。如果沒有買家，還得帶回家自己吃，有一陣子我吃綠色的蘆筍吃到怕！

有一段時間爸爸聽說芝麻的收入很好，開始種芝麻，芝麻的採收時機非常難拿捏，當它還沒成熟時，果實會帶有水分，如果這時候採收會有濕氣，容易爛掉。但是芝麻成熟時，長得很快，若太晚採收，芝麻會利用陽光的熱能將豆莢迸開，芝麻種子一彈到沙地上，就沒辦法撿拾起來。如何把握適當的時機進行採收，可說是非常困難。我記得當時是一邊採收，一邊難過地看著地上撒滿了飽滿的芝麻。嚐到這個苦果後，隔年家裡就不再種了。

農村的工作，最重要的就是下田。小時候，因為家裡田地的面積很大，家中每個成員都被分配到不同的任務。年紀小的，就負責比較不需要勞力重荷的工作，像我就經常被指派做除草、挖蘆筍、掃曬穀場……等工作。

田裡的工作忙碌又吃重，每個人都有自己該完成的部分，如果拖著不做，是不會有人幫忙你的。一開始我覺得下田很辛苦，像是稻子收割時，用手和鐮刀採收，難免會被銳利的刀鋒割傷、流血，但我知道這是身為農家子弟本來就要學習、磨練的功課，所以也沒什麼好抱怨的。

酷熱的夏天，在農田裡工作是一件非常非常辛苦的事。這時候，天上的雲朵就成了我的期待，我常常一邊工作，一邊祈禱著雲趕快飄過來。當浮雲將烈日遮住時，一股大自然的涼氣迎面而來，全身上下都覺得舒爽無比，拿下斗笠做點身體舒展，就是至高的享受。

農夫的生活是「日出而做，日入而息」，天黑後伸手不見五指，不可能在田裡做事。所以，每次父母分配的工作，我一定要在日落前完成。剛開始雖然是被家人催著趕快完成，久了之後，我學會了自律，以及分配時間的重要。

我發現，與其拖拖拉拉地做事，不如集中精神，趕快把事情做完，就可以早點休息，又很有成就感。為了要把田裡的事按時做完，也養成了我凡事提早計畫、確實執行的習慣。

看天吃飯

農家的生活步調是跟著二十四節氣的變化走，在不同的季節裡進行鋤草、翻土、播種、採收的工作，每一個步驟都要按部就班地進行。

出社會後，我開始做研究、從事教育工作，經常想到小時候下田的往事，發現兩者有很多相通之處。從事農耕，隨著不同的植物種類，翻土的深度、力道、時間點，成果都是不一樣的。而面對各種作物的除草、施肥……等一連串的作業程序，更是急不得，需要一些耐心，才能把事情做好。因此，基本功是很重要的。

電影《無米樂》中的崑濱伯說：「種田是一種修行。」確實如此。農夫總是按照時節播種、施肥、辛勤地耕作，並且做好避免害蟲侵襲的工作，接下來就看老天爺的幫忙了。

農村的工作季節分明，春耕、夏耘、秋收、冬藏，每個階段都必須付出汗水和辛勞，才有可能看到結實纍纍的豐收畫面。從種田中，我學會要先盡力做好自己該盡的本分，再來「盡人事，聽天命」。

倘若最後事情的結果真的不如預期，也不要自怨自艾，只要確實努力過，也就問心無愧，要趕快收拾心情，準備下一季的耕種。

在我住的農村，幾乎家家戶戶都有一頭牛。農作物收成時，一袋袋堆滿了牛車，就得靠著牛辛苦的拉回家。我印象非常深刻的是，整個牛車已經重得讓老牛舉步維艱，甚至有些顛簸，但牠一步接著一步，最後總是能將滿滿一牛車的收成拖回家。

「老牛拖車」這一幕，也是每每在我碰到困難時，就會在腦海中出現的畫面，提醒著我，連老牛都不曾放棄，我們怎麼可以輕易認輸？它也鼓舞了我，只要方向對，不怕路遙遠；當你一步一步朝著目標前進，總會到達目的地。

灑掃應對的訓練

除了下田幫忙，打掃家中曬穀場也是我固定要做的工作。通常是清晨的時候，趁著一天的開始，就得將院子打掃乾淨。

面對有如棒球場內野那麼大的曬穀場，掃起來其實一點都不輕鬆。不過，我並不以為苦，總是將地面掃得一塵不染，看不到任何一片落葉。而每到秋天落葉特別多時，我會先搖晃樹幹，讓落葉快速掉落下來，再努力清掃它。後來，在《三個和尚》的動畫中，看到小和尚為落葉煩惱，終於忍不住抓住樹幹猛搖，卻被大和尚責罵的畫面，不禁會心一笑。

打掃院子是我每天必做的事，打掃完後，爬上院子旁的龍眼樹乘涼，低頭看著剛才清理過的痕跡，便會覺得非常滿足。

當我全神貫注地把整個院子都掃乾淨之後，心中會有一股很大的快樂油然而生，那是一種想把事情做到最好的心情。

高中時離開家鄉去台北唸書，每次放假回雲林老家，我早上起床後的第一件事，仍舊是到院子裡掃地。後來在外地求學租房子時，每個週末放假，我總喜歡一大早起來，先把房子內外仔細打掃一遍，不只房子乾淨，整個人也覺得清爽許多。

即使到現在，住家的庭院仍是我負責的打掃範圍。特別是當我心情不好、有事情煩惱時，便會把心思集中在打掃上，來轉移注意力。隨著揮動掃帚的規律動作，似乎心裡的垃圾和陰霾也一掃而空，暫時獲得了內在的平靜。

以大自然為師

從小，我就喜歡在一片鳥叫聲中早起。鄉下的清晨，空氣總是特別的清新，有一種甘美的味道，常常在呼吸之間，全身的細胞都活絡起來。遙望天邊，有時還可看見旭日從中央山脈緩慢地升起；由於村子裡都是矮房子，視野可以看得很遠，整個山脈彷彿就像一幅油畫作品般，近在眼前。

我特別喜歡在天色微亮時，看著凝結在農作物上晶瑩剔透的雨露，雨露沾附在蜘蛛網上，發出耀眼的光芒，非常漂亮。

小時候，我常在傍晚時分，蹲在樹旁或草地上，觀看蜘蛛的結網。太陽剛要下山前，幾乎所有的小蚊、飛蟲都會四處飛舞，是蜘蛛捕食進餐的好機會，聰明的蜘蛛都會趁此時刻編織蜘蛛網。

蜘蛛是天生的結構設計師，牠們會先拉出蜘蛛網的大架構，有時為了搆上旁邊的樹枝，牠們要先利用微風，將身體擺盪半天。

等大網結構完成以後，就開始捕食網編織，這也是我最有興趣的部分，看著蜘蛛用屁股輕盈地一拐一沾，身體扭一扭，轉眼間就完成一張漂亮的蜘蛛網了。

當時我很頑皮，為了多看看蜘蛛的結網，會故意拿小樹枝，將一兩條網絡挑斷。此時，蜘蛛會停下來觀察，發現四周沒有動靜後，就認命地將網再次修補起來，非常有毅力。有時候，天空突然颳起大風，將主結構線吹得斷裂，蜘蛛也會不屈不撓地重新開始，這時，我反而會心急地幫牠喊加油，生怕牠結網太慢，結果蚊蟲都不見了。

國中時，我曾在校刊寫過一篇名為「觀察力的重要」的文章，大意是說，生活周遭有很多值得仔細觀看欣賞的好風景，如果整天汲汲營營、匆匆忙忙地過日子，或是為了想趕快到達目的地而加快腳步，便聽不到大自然呼喚我們的聲音，因而錯過很多美好的事物。

直到現在，我仍是經常親近大自然，空閒時便與太太一同爬山，在談天說地之間，把自己的視覺、聽覺、感官徹底倘佯在大自然間，接受大地的洗禮。

團隊合作、守望相助的社會

在農家長大的我從小就知道，團隊合作的重要。比如說，在沒有機械幫忙採收稻子的年代，稻田的面積非常大，任何一戶人家都很難獨立完成所有的收成工作。因此，大家會約好輪流幫忙。

種田是一件很耗費體力的勞動工作，當大人們在田裡忙碌時，年紀小、力氣不夠大的孩子，沒辦法下田幫忙，就要負責下午茶的點心。我印象很深刻的是，幾個人扛著一大鍋加了大冰塊的綠豆湯到田裡的畫面。等大人農忙到一個段落後，大家聚集在樹蔭下休息，一起圍坐吃著清涼的綠豆湯，真是人間美味。

如果遇到某戶人家有喜事、需要辦宴席，小朋友就會跑到全村去借桌椅。以前每戶人家的桌子、椅子背面，一定會寫上名字，等到喜事辦完後，再把桌椅歸還。

鄉下的生活很簡單，白天主要是農作，到了晚上便早早休息。在我小學期間，家境比較好的孩子會去老師家補習，其他的年輕人則會一起組成夜間守望相助隊，到村子各角落巡邏，防止小偷入侵。

每到秋天稻田收成過後，就是鄉村最悠閒的季節，這時，村子裡的青壯年們，都會參加基本的武術訓練，晚間在村裡的大廣場舉行，我的哥哥姐姐們也參加過，每人都要學一些拳法招式，以及常見的棍法和刀法，小小年紀的我也學會了一招棍法的起手式。

此外，一年之中，有許多拜拜等節慶活動，遇到較重大的節日，村裡就會出現歌仔戲或布袋戲團的表演，這可是全村的大事，家家戶戶，不分男女老少，都會從自家搬來椅凳，坐在台下集合等待，場面十分熱鬧。

可惜，隨著經濟的快速成長，電視也進入了每一個家庭，這樣恬淡的生活已逐漸遠去，加上現代人大多抱持著「自掃門前雪」的心態，人情也日趨淡薄；然而，農家生活仍然是我童年中一段最美好的回憶。

難忘的電影院

小時候雖然飽受病痛之苦，我卻不曾怨天尤人，心中唯一的念頭就是與病痛和平共存。我總覺得，生死的問題，與其害怕，不如勇敢地正視面對它。

從我有意識開始，我的背上就長了一個雞蛋大小的「血管瘤」，它的模樣像個小心臟，周圍有很多細小的微血管連接在一起。父親曾經帶我去雲林的一家大醫院就診，醫師說，血管瘤的位置與脊椎骨的背脊太靠近，需要動手術切除，但擔心我年紀太小，體力負荷不了，必須等年紀大一點才能開刀。

這個在我出生起就附生的血管瘤，讓我的童年常常在病痛中度過。尤其是每到天氣炎熱的夏天，還有季節交替時，血管瘤周圍就會發炎、疼痛。我記得唸小學時，夏天中午的炙熱天氣，熱到令人受不了，我常常要彎著腰、貼個撒隆巴斯來舒緩一下才行，中午也常常痛到必須請假回家休息。

醫生說，血管瘤一直吸收我的身體養分，所以我的個頭比較小，甚至後來上了國中時，我的身高也只有一百五十公分。

可能是在農村長大、韌性比較強的關係，我從來不曾埋怨過自己身體上的疾病；我的功課也唸得還不錯，成績一直名列前茅，除了病痛之外，它並沒有對我的學習和生活造成太大的影響。小學五年級時，我的體力已可以承擔手術的風險，於是有了動手術的心理準備。當時我們住的地方附近沒有醫院，只能到離家幾十公里以外的省立嘉義醫院開刀。

我還記得，手術的前一天，爸爸特地帶我去嘉義市區看電影。從小到大，我們幾乎沒看過什麼電影，我後來想想，也許是因為當時的醫療技術不發達，爸爸擔心手術過程有什麼「萬一」的話，就見不到我了，把它當作是父子兩人最後的約會。

我們看的是一部相當賣座的國片，電影名稱我忘了，但內容還依稀記得，是講每個人心中都有一個大魔神，它會不時發作、操控人的行為，如果沒有正面思考，就會讓大魔神控制住自己的內心和意志。

看完電影之後，我的感想是：「人的內心有正反兩面，如果多加強正面思考的力量，那麼，人生就會不一樣。」這也增加了我對手術的信心。

手術進行得很辛苦。因為血管瘤長在背上，我必須全程趴著，局部麻醉，所以手術過程中是全程清醒的。

手術進行了將近五個小時，醫師慢慢地把我的背部脊椎和血管瘤之間的微血管切斷，聽說這個動作如果處理不好，傷到中樞神經，會有癱瘓的風險。

手術時，爸爸不敢看血，一直站得遠遠的，在心裡默默地為我加油打氣。由於手術時間進行太久，撐到最後一個小時，我就快要沒體力了！這時，只聽到媽媽開始催促和拜託醫生加快的聲音，接著我就被全身麻醉，昏迷了過去。

等到我清醒過來時，手術已經順利完成了。幾個月後，我的身體逐漸復元，背部的疼痛也慢慢地不再發作，可以和正常人一樣地生活了。

每次講起這一段陳年往事時，很多人看我一臉雲淡風輕的表情，都會問我，「為什麼你說得這麼輕鬆自在？難道當時你不會害怕死亡，抱怨老天爺對你不公平嗎？」

說真的，小時候雖然飽受病痛之苦，我卻不曾怨天尤人，心中唯一的念頭就是與病痛和平共存。我總覺得，生死的問題，與其害怕，不如勇敢地正視面對它。

長大後遇到一些棘手的困難時，我也往往會告訴自己：「面對問題，然後想辦法解決它！」人生中有許多不可知的橫逆，與其自暴自棄，我選擇抱持樂觀進取的態度走下去！

艱困的成長歲月

為了生存，我養成了做任何事之前先想辦法找到出路的習慣，很少在一開始就說「不可能」、「辦不到」。

我有七個兄弟姐妹，排行老五，上頭是兩個哥哥、兩個姐姐，下面有兩個妹妹。父親是糖廠職員，平時田裡的工作幾乎都是由母親一手打理；我印象很深的是，每到新學期開始時，母親就不免發愁，經常要四處向親友借錢來幫我們幾個孩子繳學費。後來父親擔任雲林縣議員，家裡的經濟情況仍未明顯改善，他為了選舉，不得不把家裡的好幾甲農田賣了。

我一向做事嚴謹、有條不紊，我想，大多是受到母親的影響。

母親的個子不高，約一百五十公分，看起來很瘦弱，年輕時卻可以一個人扛起一整袋的花生或稻米，並且一把甩上牛車，力氣相當大。

由於她不識字，無法閱讀、寫筆記，完全是靠自己在腦海中思考，今年要挑選什麼農作物來耕作。在田裡，她不僅身兼管理、領導者，更是踏實的執行者。

母親對於孩子的管教非常嚴厲，稍有過失就是鞭條伺候，所以我們幾個兄弟姊妹從小都吃過她的鞭條。她教導我們做人處事要「嚴以律己，寬以待人」，每次只要我跟堂兄弟起爭執，最後被打的一定是我。

母親的要求，有時候會讓我覺得很委屈，我曾經問過她：「明明是別人不對，為何打我？」

母親總是回道：「人家來抱怨，就是你的錯！」這也讓我養成了「吾日三省吾身」的習慣，遇到事情時，往往會先檢討自己，做得對不對。

目前高齡九十歲的母親，身體還是很健朗。父親前幾年已經過世，而我從他身上學到最多的，是待人的基本態度。

父親擔任縣議員期間，常常有人來家裡拜託他處理一些事情。由於台灣固有的「紅包文化」，有些人習慣用禮物來感謝他的幫忙，甚至會送個金戒指。但是，忠厚老實的父親覺得自己擔任縣議員是為了服務大家，而不是為了享受權位帶來的好處，因此都會將這些回禮全數退回。

鄉下人大剌剌的，常常將東西送來家裡後放著就走，所以我經常要幫忙父親把東西拿回去退還給那些請託的民眾。

有一次，有人趁父親不在家時，送了一條很大的魚到家裡，父親回家後，堅持要我拿去還給對方。小時候，鄉下的每一戶門口都有很大的院子，有些人家門前會養狗來預防小偷，那天我抱著一條沉甸甸的大魚，辛苦的走了好長一段路，就在快要到達目的地時，突然一隻凶惡的大狗從後頭追上來，對著我狂吠不已，讓我非常害怕，緊張地想要落荒而逃。

但是，一想到父親的囑咐，只好硬著頭皮從惡狗面前慢慢走過，趕快把魚還給對方，交差了事。

父親對於公私分得非常清楚，加上待人客氣，十分受到敬重。他也教會我什麼叫做「服務的熱忱」。「取之於社會，用之於社會」，這個影響我一生甚深的觀念，就是從這時候養成的。

在我唸國中時，有段時間媽媽開了一家雜貨店來貼補家用。當時，雜貨店裡賣的麵線，是跟一家專做麵條的店批貨。這家麵店離家很遠，靠近我就讀的學校鎮上，於是，媽媽便叫我每個禮拜找一天，幫忙去麵店帶貨回家。

從我家到麵店，是一段不算短的距離，必須騎十幾分鐘腳踏車到公車站後，坐半小時公車到土庫鄉，下了公車後，必須再走二十分鐘。因為那家麵店和學校是反方向，我還要走二十幾分鐘的路，才能到達學校。放學後，我再扛著一大包的麵線，循著原來的路線回家。

麵線又重又大包，每次提到學校，我身上總是沾滿掉落的麵粉，同學都笑我是「麵線伯」。我把一大袋麵線放在座位旁走道，經常擋住同學走路的動線，後來數學老師覺得這樣不太好，便好心地說，可以把麵線暫時放在他的辦公室，等放學後再拿回家。

就這樣，身材瘦弱的我每週扛著沉重的麵線上學、放學，持續了將近一年的時間，現在回想起來，真的很有毅力。

當時正值青春期的我，對於同學投來異樣的眼光並不以為恥；現在的年輕人大多被父母保護過頭，沒有「為五斗米折腰」的經歷，可能無法體會在那個生活條件艱困的時代，因為家裡窮，為了求生計，很多事不得不做的無奈。而在父母的過度保護之下，很多小孩成了「媽寶」，韌性也變得比較差。

我一直覺得，比起都市裡的孩子，鄉下孩子的成長之路，有點像「野放」，面對事情的挫折忍受力也比較強。為了生存，我也養成了做任何事之前先想辦法找到出路的習慣，很少在一開始就說「不可能」、「辦不到」。

在我爸媽成長的年代，情況又更嚴峻了。因為生活困苦，不是每個人都有機會受教育，只要小學畢業就可以當老師。我媽媽沒有讀過書，不識字，也聽不懂國語，只聽得懂台語，而我爸爸只讀過三年的書就輟學去工作，但在當時已經算得上是「知識分子」。

到了我這一代，很多人為了負擔家計，小學讀完就要出社會工作、分擔家計。我的哥哥、姐姐們之中，只有二哥比較幸運地念到高中，其他人都只念到小學畢業，就開始工作賺錢，幫忙減輕家裡的經濟壓力。

以前在鄉下，幾乎家家戶戶都以種田維生，沒有什麼其他的收入來源。在我的印象中，家裡的午餐常常只有曬乾的地瓜籤，夾雜一點點白米飯，配菜是醃漬的豆腐乳，沒有青菜、肉可吃。

父母親要養活一家人非常辛苦，光應付基本的生活開銷就已非常吃力，更何況是負擔孩子的就學費用。

對於當時的父母來說，送孩子上學算是一項奢侈的投資。孩子平常能去上學已經不容易，要是碰到農忙的時期，很多同學就會被家長要求下田去幫忙，或留在家裡照顧年紀更小的弟弟妹妹，老師們也都能諒解這種情形。但是，每當督學要來學校視察時，我們就會被老師分頭派去田裡，把那些不能來上學的同學找回來，趕快回到教室集合、點名。

我從小就喜歡念書，書也念得不錯，從小學到初中，經常是班上前幾名。家人認為「讀書才能脫離貧窮」，若能夠讀書就儘量讀，所以哥哥、姐姐幫我分擔了很多農田裡的工作，讓我可以專注在課業上。

能去學校上課，汲取更多的新知，真的是一件很快樂的事。我非常喜歡上學，也愛看書。在鄉下，書本取得不易，所以每次有機會看書時，我都會認真地讀好幾遍。甚至開學時一拿到課本沒幾天，就把所有課文都讀過一遍。

小時候家裡的書籍很少，鄉下也沒有書店和圖書館，最近的書店要到熱鬧的虎尾鎮上才有，村裡只有文具店，賣的是簡單的文具及一般參考書。後來，父親當上縣議員，縣議會提供訂閱的中央日報，就成了我愛不釋手的刊物。

當時，一翻開報紙，我總是先快速地翻到副刊看武俠小說，再仔細閱覽其他的新聞。因為太喜歡閱讀了，我連父親的議會議事錄，都讀得津津有味。

《愛迪生傳》是我小時候最愛讀的一本書。愛迪生從小就不向命運低頭，總是想盡辦法在困難的環境裡解決問題、堅持到最後一刻，最後他的發明改變了人類的歷史，讓我非常佩服。

我當時好著迷愛迪生的種種發明，後來自己也走上科技研發之路，深深覺得現代人的生活條件、環境都比愛迪生的時代來得充裕，更應該做出一點成績來，努力造福全世界。

我因為書一直念得還不錯，從國小開始，村裡有些伯伯、叔叔們，會請我幫忙寫信給他們正在當兵的小孩，練就了我還算不錯的文筆。到了初中、高中，我擔任校刊的編輯，經常透過文字，抒發情感。

國中時的國文老師是我的貴人之一，她要求我們每天寫日記，培養了我獨立思考和寫作的能力，我很感謝她當年的這個要求。

書寫的習慣，我始終維持到現在。擔任台大電子所所長、工研院電子所所長時，我經常寫信給同仁，在國家實驗研究院任職院長的十六個月期間，更是每週寫一封信給同仁，還有同仁稱我是「文青院長」。

我喜歡寫信是因為文字可以幫助我沉澱內心的想法；透過文字的書寫，會讓自己的邏輯更清楚、條理更分明。

與人溝通時，文字更是一種有力的表達工具。有些話當面可能說不出口，或是開口的時候，對方一時無法領會。但是透過文字的傳遞，可以有更多思考反芻的空間。

電視到農村

極具聲光效果的電視滲透到鄉村，讓我看到鄉村之外的世界，也親眼見識到世界的脈動正在巨大的改變。我的小小心靈開始覺得：「世界真的好大！」

民國五〇年代的台灣鄉下，物資匱乏，一般家庭以煤油燈、蠟燭做為夜間的主要照明，街上更是連一盞路燈也沒有。

我還記得，以前看到兩位姐姐晚上去補習時，手裡點著的蠟燭常被風吹熄，很不方便，但家裡又捨不得買提燈座，小學低年級的我便靈機一動，想到幫她們做提燈。

當時年紀小的我，已懂得運用物理的原理；為了不讓路上的強風把蠟燭吹熄，我把蠟燭放在簡便的鐵罐子裡面，再把鐵罐子打一些小洞，提供氧氣，讓蠟燭可以燃燒。但洞不能打太大，以免風速過強，吹散了火焰。

現在，每個人都享有十二年國民教育的權利，大學錄取率更是高達百分之九十以上，幾乎人人都有接受高等教育的機會。因此很難想像，在民國五十六年之前，小學畢業後，需要經過聯考才能就讀初中，當年很多人讀到小學畢業，便開始出社會工作。

很幸運的，我在小學升初中那年，剛好是教育部開始實施初中免試升學的第二屆，讓我不需要補習，就可以直接銜接初中教育。

初中免試升學制度，讓我有著很強烈的感受，由於教育政策的改革，讓更多人成為受惠者，不用面臨小學畢業後要繼續念書或在家種田的抉擇。

民國六〇年代，台灣經濟開始起飛，對外貿易蓬勃發展，外銷訂單也源源不絕。很多位在北部的紡織工廠，亟需要大量女工，便到中南部招募，造成年輕人離鄉背井出外就業的風潮。

當時，我們雲林家鄉傳誦著一句台語流行語：「呷台北水，沒肥嘛水」（喝台北水，不肥也美），意思是台北的一切都很美好，只要去台北，做什麼都好。

國內的工業化急速發展，吸引了許多鄉村的年輕人到都市工作，使得從事農業的人口減少，城鄉差距也逐漸拉大。

我二姐小學畢業後，也隨著其他同年齡女孩北上，到紡織工廠集散地的三重當女工。我印象很深刻的是，每逢過年過節，姐姐和其他同鄉的女孩們會坐著工廠雇用的卡車回家，鄉下頓時變得非常熱鬧。等年節一過，又是整批人被卡車載回台北工作。

社會變遷的腳步愈來愈快，我記得，讀國中時，電視開始進入農村生活。當時，伯父家有一台黑白電視機，是全村子的第一台電視。每到電視節目開播時刻，伯父的家就會擠得水洩不通，大人們都擠到房間觀看，我和鄰居的小朋友們，也趴在窗戶前，緊盯著電視螢幕不放。

以前，電視開播前，會先播出電視訊號的校準圖形，那是定格的畫面，畫面中有不同粗細、線條、圖案的黑白影像，伯父會將電視控制扭轉一轉，調到最清楚的畫質，大約十分鐘後，節目才開始。後來我走上影像研究之路，實驗時，也會用到這些畫面，倍感親切。

有一陣子，電視上播出了史艷文布袋戲，主角的絕世武功轟動武林、驚動萬教，也風靡了全台，只要一到播出時間，幾乎街頭巷尾都在觀看。

黃海岱及黃俊雄父子聯手推出的布袋戲史艷文，不只是娛樂，更透過亦莊亦諧的劇情，傳遞邪不勝正、忠孝節義的做人道理。

因為太著迷史艷文，我還研究怎麼演布袋戲才好，經常拿著一塊手帕，把手伸進去，表演給妹妹看；我在家後院的竹林旁，反覆主演了一場又一場「東南派」大戰「西北派」的好戲。

極具聲光效果的電視滲透到鄉村，讓我看到鄉村之外的世界，也親眼見識到世界的脈動正在巨大的改變。在電視沒有問世之前，大多數人晚上無事可做，早早便上床睡覺；有了電視之後，很多人為了準時收看節目，因而改變晚上的作息時間。

電視的誕生，對我來說實在太震撼了！我的小小心靈開始覺得：「世界真的好大！」

以前人們獲取資訊的管道，多半是廣播、報紙，有了電視之後，它可以把世上各種包羅萬象、新奇有趣的事物變成影像，活生生地呈現在大家眼前。免試升學、電視普及這兩個社會現象，讓我觀察到：社會變遷對每個人來說，有著長遠而深切的影響。就好像湖面上的水波一樣，表面上看似平靜，但一陣陣的漣漪，會隨著時間慢慢擴大，進而影響著我們每個人的人生。

科技的進步，改善了人類的生活，更帶領社會進入一個嶄新的時代。這也啟發了我，開始去思考，未來會發生什麼重大的趨勢呢？此外，我可以做些什麼來迎接這股改變的巨浪？

年少時候的我，怎麼樣也想不到，幾十年後，世界會進化到十倍速的網路時代；更沒想過，我可以在這波數位浪潮中，貢獻自己的一份力量。

建中的求學生活

讀書要以自發的熱情為動力，唯有自己認真去讀，才能讓知識在心中扎根，發揮出力量。

我在小學、初中的成績一直不錯，經常是班上前幾名。初三準備報考高中聯考時，老師說，以我的模擬考成績，中部地區幾所不錯的學校都有機會考上，他建議我參加嘉義地區的高中聯考，以離家最近的嘉義中學為目標；或者報考台中地區的學校，以台中一中為目標。但家人認為，不論是嘉義或台中，離家都有一段距離，若考上的話勢必要住校，對於家裡來說，將是一筆沉重的經濟負擔。

當時我想到，堂叔住在台北，不如報考北區聯招。一來住親戚家，可以就近照顧，又可節省住宿費用；二來，萬一第一志願的建國中學考不上，還有師大附中、成功高中可以選擇。幾經考量之下，我便參加了北區高中聯考，並且順利考上了第一志願：建國中學！

於是，我生平第一次離開雲林老家，搬到台北市萬華區的堂叔家。民國五、六〇年代，台北市的建築物不多、樓層也不高，堂叔的家就位在龍山寺對面，離萬華火車站非常近。我從堂叔家可以遠眺萬華火車站，也能夠清楚地聽到火車隆隆駛過的聲音。

每當夜深人靜時，聽到火車站傳來嗡嗡的汽笛聲，都讓我心裡不禁顫動。我的心也跟著汽笛聲飄向遠方的故鄉……每次都很想跳上車，跟著火車回到南部的家鄉。

對一個十五歲就離鄉背井的青春期孩子來說，想家的心情是很難熬的。我在只有一張床、一張書桌的房間裡讀書，聽到堂叔一家人在客廳裡談笑的聲音，心情更是淒涼；好幾次，我躲在棉被裡偷偷地哭泣，夢裡也都是家人的笑顏……

寄人籬下總是比較拘謹、不自在，所以每天放學後，我儘可能從建中旁的植物園慢慢地走回堂叔家。

每天早上，我從龍山寺坐公車上學，經過和平西路到建中，大約半小時路程。建中旁邊有一片很大的空地，放眼望去，南向的建築物稀稀落落。剛來台北的我不敢亂走，每天都走通往建中的同一條路，我當時單純的以為，建中再過去就是鄉下了。因為鄉下所有的生活機能，通常只有集中在某一個熱鬧的地方，除此之外，就是一望無際的稻田，我以為台北也是如此。

直到過了一學期，有次同學約我禮拜三下午去打桌球，我才第一次有機會往建中的南邊走。這時才發現，過了那片田地，還有好多高聳林立的建築物，看了簡直目瞪口呆！

原來，台北是這麼大的都市！我這個鄉下來的土包子頓時大開眼界。

而在建中的求學生活，一開始讓我最不適應的不是課業問題，而是大家都講國語這件事！在鄉下，家人和村裡的人都講台語，連念小學、初中時，老師也是用台語授課。到了台北，發現老師、同學都用國語溝通，我必須要很努力地聽，才能聽得懂他們說的話，覺得很痛苦，過了幾個月才漸漸適應。

為了節省車錢，我通常要到連續假期才能回家。高中放學時間很早，當時也不流行課後輔導或補習，每天下午四點多就可離校，加上週三只上半天課，獨處的時間頓時變多了。為了轉移想家的情緒，除了唸書之外，我也想努力培養一些興趣，就加入建中國樂社學笛子，有時也跟同學一起去運動。有一陣子很流行速讀法，我覺得很新鮮，還跟著同學學了一陣子。隨著活動圈子的擴大，慢慢地，就不那麼想家了。

在台北工作的二姐知道我的生活費用有限，平日省吃儉用，過得相當拮据，因此只要有放假，一定盡量來找我，帶些東西給我，或是請我吃飯。

每次當我們走在熙來攘往的台北街頭，常常有一種「何處是兒家」的感慨。

我還記得曾跟姐姐互相勉勵，說：「台北這麼繁華，我們沒有任何背景與援助，一定要努力ㄍㄧㄥ住自己，好歹也要闖出一片天，做出一點成就來！」

當時，我這個來自雲林鄉下的孩子，到了台北，深切感受到鄉下學習資源的匱乏，既沒有學習英文的環境，也沒有圖書館可以涉獵更多的資訊。因此，我一直有個心願，如果將來有能力的話，一定要回鄉下蓋間圖書館，吸引更多孩子喜歡閱讀、愛上讀書這件事。我認為，讀書要以自發的熱情為動力，唯有自己認真去讀，才能讓知識在心中扎根，發揮出力量。

自律的學習

我在鄉下長大、從來沒出國念過書，學英文唯一的方法就是：勤能補拙！
我自認不是一個天資聰明的人，但始終堅信「勤能補拙」的重要。

高中聯考時，我是吊車尾考上建中的。記得當年建中的錄取最低分數是５９１分，我剛好考５９１分，半分都不差。

到了建中，我發現班上人才濟濟，聯考第一名進來的同學也和我同班，壓力之大，可想而知。但我沒有因此自暴自棄，雖然成績算不上頂尖，但我依舊保持對於讀書的熱情。

從小，我就是個懂得自律的孩子；小學開始，就會幫自己規劃一天的作息時間表。除了學校規定的課表之外，我也會規劃課餘時間，尤其小學的暑假很長，我覺得一整天如果晃啊晃的，不知道要做什麼，時間一定很快就過去，倒不如按表操課，可以過得充實一點。

於是，我效法學校的課程表，自己畫了一張作息表，貼在牆上。我甚至會規定自己幾點要玩彈珠、幾點要做家事，每天更一定會排出一段時間看書。各種類型的書我都會閱讀。我特別喜歡一大清早，把院子打掃乾淨後，拿著書本在院子中聚精會神的閱讀。

「自己的人生要自己負責」也是我很小的時候就明白的人生道理，所以自然不會發生暑假作業拖到開學前一天才連夜趕工的事情。暑假一開始，我就趕快把它寫完，這樣才有更多時間做其他的事。

高中時，我早上六點多就起床上學，晚上念書最晚不會超過十二點，也不曾熬夜準備考試。我認為睡眠、作息正常，才能有良好的學習效率；只要在有限的時間內做好規畫，就可以發揮最大的效益。

到了大學，我身兼成大國樂團的團長，忙於社團活動，為了每週騰出固定的時間練團，我對時間的分配更是在意，因而練就了「用最少的時間念書達到最高讀書效率」的方法。

苦讀學英文

從小到大，我的英文一向很差，在雲林鄉下的初中，沒有專任的英文老師，通常是其他科目的老師兼任，所以鄉下小孩幾乎不會講英文。高中聯考那年的英文考題又特別難，所以我考得很差。到了建中，我的英文也不見好轉，考試總是勉強過關，英語可以說是我最害怕的學科。

我的英文程度，後來在大學、碩士班、博士班，仍然沒有多大起色。念博士班時，偶爾會臨時被教授指派上陣，接待到成大參訪的外賓，英文能力只夠勉強應付。

退伍後，我到台大擔任電機系副教授，經常有國外貴賓來訪，要是正好是我的研究領域，就必須協助出面接待。每次在外賓面前說出一口破爛英文，都讓我覺得很冏，開始立志要學好英語。

當時我沒有太多錢，也沒有時間去上英文補習班，加上我從來沒有補過習，只能用自學的方式來加強英語能力。

一開始，我利用廣播ＩＣＲＴ來學英文，但電台ＤＪ的英文說得太快，我根本聽不懂。後來，我想到一個辨法：利用通勤時間學英文！

我利用每天開車由家裡到台大的半小時通勤時間，在車上播放《空中英語教室》月刊附贈的卡帶，反覆聆聽。每天上班聽A面半小時，下班再聽B面半小時，就這樣，日復一日重複聽著一小時的英語教學內容。

第一遍聽不懂，聽到第二遍開始比較清楚，第三遍可以聽出一些字句的意思……，同一捲卡帶聽了快一個月，到了第二、三十遍後，原本「鴨子聽雷」的我，居然完全聽懂了！從此，再聽其他章節，便愈來愈上手。

很多人以為，學英文一定要有良好的學習環境，或是到國外留學。我在鄉下長大、從來沒出國念過書，學英文唯一的方法就是：勤能補拙！

土法煉鋼也許很花時間，但效果反而是最好的。我靠著花時間反覆地練習，到後來，對英文就不再感到害怕了。學語言沒有捷徑，只能透過不斷的努力來加強，等到英文能力提升了之後，不論是參加研討會、發表論文，甚至是出國工作，我再也不會因為英文不好而苦惱了。

我自認不是一個天資聰明的人，但始終堅信「勤能補拙」的重要。我經常鼓勵身邊的學生、工作夥伴，就算一件小事情，只要持續的做，也可以變成一個不簡單的事情。我到了將近三十歲才開始認真學英文，而現在很多年輕人從小學就開始學英文，我相信只要有心，一定可以比我更厲害。

我的科學夢

有一次，聽到學長們正在熱烈討論目前做的研究進度，我聽得津津有味，年少時對於科學研究的憧憬，一下子又被喚起，重新點燃了我的科學魂……

在我念國小時，華裔物理學家楊振寧、李政道得到諾貝爾獎的消息傳來，全台灣頓時陷入了一股討論的熱潮。

當時，學校教室的牆上，楊振寧、李政道兩人的照片掛得高高的，我每天看著他們，心裡也產生了「有為者亦若是」的想法；小小年紀的我覺得當科學家好棒，一來可以有名氣，二來可以創造發明新的事物來改變世界，就像是通往夢想的偉大航道。

從那時開始，我的志願就是當個科學家或工程師，希望將來可以做出對人類有益的事。到了建中時期，因為媽媽的身體一度不是很好，加上我的生物讀得不錯，便想改念醫科，希望將來可以當醫生，改善媽媽的病情。

但是，媽媽卻不同意，她說當醫生太辛苦了！尤其是在鄉下，整個村子裡可能只有一個醫生，遇到病患半夜需要急診，醫生的工作一定是救人如救火，這樣的生活太勞累。雖然醫生的收入不差，但她覺得會變成沒有辦法休息的賺錢機器；也因為媽媽的堅持，我又回到理工的領域，繼續編織我想成為科學家的夢想。

我還記得聯考前，母親曾對我說：「如果考不上好的大學就回家種田！」所幸，我是村子裡第三位考上大學、而且是國立大學的孩子，一方面內心覺得很光榮，可以光耀門楣，但也產生了莫大的壓力。因為和我同齡的夥伴們大多開始賺錢養家，不少小學同學更是早已結婚生子，我卻還是一個必須向家裡伸手要學費、生活費的大學生。

當時，父母親希望我專心念書，不要去打工，早點學成畢業賺大錢。所幸我也還算爭氣，功課不但可以跟得上從都市來的同學，一路上也有獎學金的支持；大四時，我還一舉獲得台電、聲寶大筆的建教獎學金，台電也等著我畢業後立刻去上班。

原本就業這條路，看來是很穩定了。然而，有一次在學校自助餐廳等候排隊時，我聽到幾位就讀研究所的學長們正在熱烈討論目前做的研究進度，我聽得津津有味、相當心動，年少時對於科學研究的憧憬，一下子又被喚起，重新點燃了我的科學魂⋯⋯

此時大多數研究所的報名時間已過，只剩下成功大學還來得及報考。我立刻衝去報名，並且把原本準備預官考試及高考的時間和心力，轉而投注在研究所考試上。後來，我很幸運地擠進當年算是窄門的成大電機碩士班。

在《最後的演講》書中，美國卡內基美隆大學的作者蘭迪・鮑許（Randy Pausch）教授，談到追求兒時夢想，我看了心裡很激動。年輕的時候其實是最天不怕、地不怕的時候，如果你的心中懷有夢想，一定要持續往那個方向前進，許給自己一個有夢的未來。

揹起台大人的十字架

讀書的時候，一定要期許自己讀的是『有用的東西』，不能只是對個人、家庭有用，還要更上一層樓，對整個社會有用！

就讀建中時，有位化學老師常常在課堂上鼓勵大家。他曾經語重心長地告誡我們，從高中開始就要培養自我成長與主動學習的能力。

我還記得當時他在台上說：「以後你們上了大學，如果碰到問題去問老師，老師可能不會給你答案，而是給你一本書，叫你回去讀一讀；如果還是不懂，再回去問老師，老師通常會再拿另外一本書，請你從中找答案。」

我聽了覺得很有趣，我原本就很喜歡看書，更是暗自鼓舞自己，要努力增強自己的閱讀能力。此外，我也對在大學中追求科學之美，充滿了期待。

當時的年輕人沒有那麼多五光十色的娛樂，因此一到週末，我經常到重慶南路溜達，那裡一整條街都是書店，有各種琳琅滿目的書；有時我一整個下午都待在書局裡看書，由於看得太久、太入迷，手都發麻了。

有一次，我在書架上看到一本署名台大學生寫的《台大人的十字架》。大多數建中人的目標都是考上台大，我也不例外；這本書的書名立刻引起了我的好奇心，我迫不及待地站在書店裡，把整本書看完。

這本書談到，台灣民眾挹注了很多社會資源給台大，所以台大人應該要揹起台灣的十字架，把台灣的未來當成自己的責任。

這句話對當時的我來說有很大的啟發，我心想，未來自己有能力的時候，一定要善用自己的才能，回饋社會。

可惜，大學放榜時，我沒能考上第一志願台大，而是成大電機系，難過得一度想重考。

我在成大一待就是十三年，完成了學士、碩士、博士學業，也娶了成大的同班同學為妻。我在博士班時期半工半讀，擔任電機系的講師，拿到博士學位後，又繼續擔任成大電機系副教授。只是，因緣際會之下，我的人生有了重大的轉彎，在一九八八年獲聘成為台大電機系副教授。

台大剛開始邀請我加入教授的行列時，我一度猶豫：「當年我考不上台大電機系，現在要來教這群厲害的學生，真的可以嗎？」

時光荏苒，歲月倏忽過了幾十個年頭，但是，十七、八歲那年，佇立在擁擠的書店走道中閱讀《台大人的十字架》時那種強烈的使命感，還是常常縈繞在我的腦海中。

二〇一三年，我接下台大學術副校長的職位，肩負起帶動台大學術邁向頂尖卓越的重任。在某次台大校務會議中，我特別提起了《台大人的十字架》這本書，強調台大正扮演著承先啟後、繼往開來，帶領台灣走向未來的角色。

每次一有機會，我也會跟台大的學生說：「讀書的時候，一定要期許自己讀的是『有用的東西』，不能只是對個人、家庭有用，還要更上一層樓，對整個社會有用！」

我期許每位台大人和我一樣，有扛起推動台灣前進的十字架的決心，努力為這片土地貢獻自己的心力，一起為開創更美好的明天而奮鬥。

遇見一輩子的夥伴

人生的機緣真的很巧妙，
若不是太太的緣故，我可能不會念博士班，也不會走上教育這條路。

我太太是我大學的同班同學，我們從大學開始交往，結婚三十多年，一路相伴扶持了近四十年，成為彼此人生中最重要的夥伴。

回想起和太太第一次見面的畫面，真的很糗。大學放榜後，有一位我在科學營隊認識的北一女同學，得知她的同班同學（就是我現在的太太），和我考上同一科系，特別交代我要好好照顧這位女同學，我也立刻一口答應。

我記得，在大學新生訓練第一天，一見到我太太，我就直截了當地跟她說：「妳同學要我好好照顧妳。」等到話說出口後才發現，這是一句很蠢的開場白，連自己都覺得很尷尬，後來新生訓練那幾天，就不太敢再跟她說話。

我太太的學號是六號，而我是七號，從新生報到第一天開始，她的座位就經常排在我前面或旁邊。很多課都是按照學號排座位，所以我們兩個經常坐在一起，也愈來愈有話聊。

我和太太真正有比較熱絡的互動，是從參與社團開始。我在建中是國樂社成員，到了成大繼續參加國樂社。學生社團都是師徒制，由於我在高中已學過笛子，一年級就當起初學者的小老師。大二時，我太太說她想學笛子，加入了國樂社，因為同班情誼，我自然收她為徒。可能是「近水樓台」的緣故，我們逐漸互有好感。

當時，班上只有她一個女同學，大家都覺得女生比較細心，大一開始便把全班班費交由她保管，我擔任班長時，也會固定跟她拿班費。

有一次，我不知哪裡來的勇氣，問她：「我自己不太會管錢，妳幫我管私人的錢好不好？我需要用錢時，再跟妳領。」

沒想到，她竟然點頭說好。

我不知道這樣算不算告白，但從此之後，我們的關係愈來愈緊密，不知不覺就開始交往了。

從大學開始，我們的工作、生活一路愛相隨，她也成為我人生中共同成長的好伴侶。

成大電機系畢業後，我繼續攻讀研究所，太太則在系上當助教。後來，她觀察到我做研究樂在其中，也想考研究所；當我進入碩士課程第二年時，她考進成大電機系碩士班，成了我的學妹。

碩士班畢業後，我原本已經錄取了國防役，可以分配到新竹工研院當研發替代役，但當時還是女朋友的太太研究所只讀到一半，加上我的恩師張俊彥教授希望我繼續留下來，我便決定繼續念博士。

人生的機緣真的很巧妙，如果當時到新竹工研院當研發替代役，應該就會一路待在科技產業工作了。若不是太太的緣故，我可能不會念博士班，也不會走上教育這條路。

留在成大念博士之後，我也和太太訂婚、結婚。婚後，太太在南台工專擔任講師，我則繼續攻讀博士學位。

當兵的兩年，是我和太太唯一分隔兩地的時光。在國防管理學院服預官役時，我住在太太台北的娘家。那時候，大兒子還不滿半歲，早上由保母照顧，晚上再由太太接回家。

因為在台北當兵的緣故，我在休假空檔，經常跑到台大聽演講，有次遇到台大電機系的龐台銘教授，他邀請我到台大電機系任教。禁不起他積極的遊說，退伍後，我接下台大的聘書，成為台大電機系副教授。太太為了照顧家庭，也毅然決然辭掉原來的工作，跟隨我到台北定居，並在淡水的新埔工專擔任講師。

太太一路跟隨著我，陪伴我在學業、工作上成長，是我人生中很重要的幫手。她的英文很好，從小就是學校英語比賽的常勝軍，而我來自雲林鄉下，說得一口破英文。在念碩士、博士班時，我每次發表英文論文時，總要請太太幫忙修改文法和用字遣辭。

我太太是在大家族中長大的都市小孩，岳父有十三個兄弟姐妹，有些姑姑年紀大不了她幾歲。我非常佩服我的岳母，她在大家族中要侍奉公婆，以及眾多伯叔、小姑，為了不讓親人說閒話，對於小孩的管教自然比較嚴格，也把我太太教得很好。

我太太個性溫和，加上出身大家族，對很多事情的看法比較圓融，可以彌補我個性上的衝動和倔強。

太太曾說，她最欣賞我的優點是做事情很專注，以及有追求完美的特質，例如掃地這麼簡單的事，我也會研究如何掃得又快又乾淨，動作也做得很到位。

但我在做事時，有時太過於躁進，加上危機意識很強，經常看到對的方向，就不顧一切地往前衝。而太太總會提醒我，除了會做事之外，做人更要面面俱到，才能讓事情更圓滿。

夫妻長久相處在一起，難免會有意見不合的時候，我和太太也不例外。但在我的印象中，我們不曾吵過架，因為太太脾氣好，每次起爭執時，她往往都很沉得住氣，完全不會動怒，頂多就是掉眼淚，讓我想吵也吵不起來。

我有兩個兒子，老大取名叫「學中」，意思是「學習中庸之道」；老二則取名「學平」，希望他能學習平衡之道，這多少也反應了我跟太太在一起以後的人生觀。

有位學生問我，「您和師母的感情這麼好，是怎麼辦到的？要如何選擇理想的人生伴侶呢？」

我的建議是：喜歡一個人，就要喜歡對方的全部。意思是說，不能只接納對方的優點，也要想想她／他的缺點，你可不可以接受？如果經過深思熟慮後覺得可以接受，那就結婚吧！

感情不能論斤秤兩，不一定非要找個互補的對象才行，感覺對了最重要。

我經常看到一些學生遇到感情問題時，心情大受影響，甚至成績一落千丈，很替他們感到惋惜。我希望年輕人要有個體認：人生是一直往前走的，不可能永遠停格在某個地方；遇到傷心難過的事情，不妨想想，「退一步海闊天空」。

年輕人在交往過程中，只要一些小事或暫時分開就會很難受，這種心情我也體會過。

在成大念書時，有一年暑假，太太放假回台北的家，我很想念她，便從台南坐火車北上找她。因為事前沒有告訴她，當她看到我時，嚇了一大跳！

由於她有些家人還不知道我們正在交往，她也不方便讓我進去家裡坐。我們在她家公寓樓下聊了幾句話之後，她就趕緊催促我回台南；雖然只是短短幾分鐘的會面，心裡很不甘願被趕回去，但我心中確實安心不少。現在回想起來，還真是一段浪漫的回憶。

我認為，感情是需要經營的。不只是朋友、工作夥伴，就連每天見面的家人，都需要撥出時間來相處，更要付諸行動，表達關心。

現代人為了工作、學業而忙碌，經常忽略了家庭生活。但真正平衡的人生，一定要有美滿的家庭生活才算完整。

我記得小時候在農村時，即便是農忙時節，我們全家人也會一起吃晚餐，大家各自聊著今天發生的事情，無所不談。如今，父親已經過世，我和兄弟姐妹即使分散各地，仍然經常回雲林老家陪伴年邁的母親；每到過年，一家人也會團聚在一起。

我是個很重視家庭觀念的人，出社會後，即便工作吃重，仍會把晚上的時間留給家人。兩個兒子出生後，我更是晚上、假日不排工作，下班後盡量待在家裡。有時候白天的工作做不完，我也會帶回家處理。

有些人可能會擔心，晚上不應酬、不加班，會影響到職場的人際關係。我想起以前在成大當講師時，有一次校長要請我吃晚飯，我是少數拒絕他的老師，理由是要陪太太吃飯。結果校長非但不生氣，還誇讚我公私分明。

我從小就懂得規劃時間，幾點起床、幾點該做什麼……把每天的作息分割得一清二楚。事實上，當你把時間妥善分配之後，往往會發現，花了太多的時間在工作上，和家人互動之間的時間變少了。

如果和家人的相處時間，「量」無法提升時，就需要注重「質」。我相信只要做好時間管理，家庭與工作兼顧並不是難事。

用心經營親子關係

二十多年前，我的大兒子才三歲多時，我在台大擔任教授，工作相當忙碌，常常把工作帶回家處理。有時候孩子跟我講話，我因為忙著手邊的公事，往往沒有注意聽。

有一次，大兒子跟我講話時，我隨便說了幾句話應付他，他立刻嘟著嘴說：「爸爸，你都沒有在聽我講話！」

聽到他這番童言童語，我當下覺得很愧疚，從此之後不再「一心二用」，只要兒子有話跟我說，一定暫且放下手邊的工作，專注地聆聽。

這幾年，我對於「專注聽對方講話」這件事很有感觸。我發現，在很多聚餐的場合，明明一群人圍著同一張桌子吃飯，卻是各自低頭滑手機，無法好好交談。

小時候在農村一樣，我們全家都會一起吃晚飯。而且，我家還有一條不成文的家規，就是吃飯時間不可以看電視、上網、講電話。如果吃飯時間突然有電話進來，能不接的話就盡量不接，或是長話短說。

對我來說，吃飯時間是和家人分享生活點滴的重要時刻。這幾年，我的兩個兒子都在外地工作、念書，但他們每次回家，一定會盡量安排一起吃晚餐。

有次，我問兒子們，對家裡印象最深刻的是什麼？他們說，是全家在一起吃晚餐的時光。我聽了，感到好欣慰。

每年我們也會安排一段時間，全家一起去旅行。這幾年，老大結婚、有了自己的家庭，老二則在台南念書，各自忙著自己的事情，要聚在一起不太容易，但是我們仍然排除萬難，進行一趟家族旅行。

旅行時，可以心無旁騖地把這段時間留給家人，對我來說也是很好的放鬆。

如果真的沒時間和家人、朋友相聚在一起，寫信也是一個表達情感的方法。我從十五歲離家北上，便養成了定期寫信回家的習慣，後來念大學時和太太交往，寒暑假見不到面，以及當兵時期，我們都會透過寫信傳達愛意。雖然我的兩個兒子現在都不在身邊，但我們幾乎每天都用Line連絡，關心一下彼此的生活近況。

去年教師節，二兒子傳了一則Line訊息給我，說：「教師節快樂，你是我生命中的明燈。」讓我十分感動。在長期經營親子關係之下，我與孩子的互動就像朋友一般，經常分享內心的感受。

我記得，兩個兒子小時候很喜歡打電動，我試著與他們一起對打，小孩子的反應比較快，「功力」自然也比較高，我經常輸給他們，他們總會笑說：「爸爸好遜喔！」

其實這樣有個好處，可以讓孩子知道，父母親不是萬能的，也有能力不足的地方，更能夠無隔閡的交心。

在我的上一代，多數父母親是採取嚴厲的管教方式，台語有句俗話說：「囝仔人，有耳嘸嘴」，意思是長輩訓話時，小孩子不可以回嘴。到了我當父母的時候，一開始家裡也有家法，孩子只要不聽話，就等著被棍子「伺候」。

有一天，老二不聽話，我正打算拿棍子打下去時，他的眼睛一直瞪著我看，露出絕望、仇視的表情，讓我突然驚覺到：孩子不能打，再打下去會變成仇人。

那次之後，我就再沒有打過小孩了。我深切體會到良好的親子關係，應該是建立在理性、耐心的溝通上。

教養小孩的經驗，也影響到我日後的工作，每次遇到學生或員工講不動時，我不會以威權來命令他們，而是換個立場，以朋友的身分和他們聊聊內心的想法、目前遇到的困難。我認為，雙向的溝通比單向的命令更有效。

Tips

- 讀書要以自發的熱情為動力，唯有自己認真去讀，才能讓知識在心中扎根，發揮出力量。
- 我經常鼓勵身邊的學生、工作夥伴，就算一件小事情，只要持續的做，也可以變成一個不簡單的事情。
- 從種田中，我學會要先盡力做好自己該盡的本分，再來「盡人事，聽天命」。
- 只要方向對，不怕路遙遠；當你一步一步朝著目標前進，總會到達目的地。
- 長大後遇到一些棘手的困難時，我也往往會告訴自己：「面對問題，然後想辦法解決它！」人生中有許多不可知的橫逆，與其自暴自棄，我選擇抱持樂觀進取的態度走下去！

第三章

前瞻研究的道路

做真正有價值的研究

在漫長的研究生涯中，我深刻體會到，不要依循他人的腳步，堅持自己的方向，一步一腳印地走下去，就一定會看見美好的收成。

從一九八八年起，我開始在台大電機系任教，全心投入數位訊號處理器及系統設計的研究，也持續專注在數位影像和視訊ＩＣ相關技術的研發。我從副教授一路升到台大電子所所長，爾後相繼擔任工研院電子所所長、國家實驗研究院院長、台大學術副校長的職務，迄今發表了超過四百二十篇論文，擁有二十一項美國專利，並擔任國際著名期刊的審查委員、國際技術委員會的主席，以及榮獲國際電子電機工程師學會會士（IEEE Fellow）、IEEE Circuits and Systems Society「傑出講座」的殊榮，幾乎全世界同一領域的研究學者都認識我。

二〇一三年，我獲頒教育部「國家講座主持人」，這是我第二度榮獲這個學術界桂冠的獎座，它肯定了我在學術研究上的地位和價值。

我很喜歡賈伯斯在史丹佛大學畢業典禮演講時說過的一句話：「你無法預先把點點滴滴串連起來；只有在未來回顧時，你才會明白那些點點滴滴是如何串在一起。」（You can't connect the dots looking forward; you can only connect them looking backwards.）

人生的各個經歷都是有意義的，每段時期，就像是一顆顆珠寶，只要朝著理想目標前進，總有一天會發現，它們已串成一條光彩奪目的項鍊。

「做研究」是件辛苦的工作，尤其是在研究碰到瓶頸時，更是一段寂寞且苦悶的過程。但是，我秉持著「做真正有價值的研究」的信念不斷努力前進；在漫長的研究生涯中，我深刻體會到，不要依循他人的腳步，堅持自己的方向，一步一腳印地走下去，就一定會看見美好的收成。

要做，就要做到最好

張教授時時關注研究未來走向趨勢的視野、勇於投入探索嶄新未知領域的積極態度，以及「要做就要做到最好」的信念，深深地影響了我。

我在成功大學從大學部、碩士班、一直讀到博士班，總共花了十一年的光陰。大學部的教育，主要是專業基礎課程的訓練，真正接觸尖端研究是進入碩士班才開始。

回顧後來自己在研究領域的路程，一直能維持對研究視野和深度的自我要求，我的啟蒙老師張俊彥教授的影響頗大。

事實上，我還在大學部時期，就聽過張教授的大名，當時只是聽說他的研究很傑出，是第一位國家工程博士。

剛考進碩士班時，我原本選擇的是電力系統組，那時是一九七九年，可說是台灣半導體產業紀元的開始。

台灣半導體發展是從一九七六年政府啟動RCA技術移轉，派遣一批年輕的工程師赴美學習，並帶回技術，建立半導體廠房及製造積體電路（IC）開始。一九八〇年，新竹科學園區成立，第一家半導體公司——聯華電子正式營運。因此，我去敲了電機系所長張俊彥教授的研究室大門，請求他允許我由電力系統轉換領域，加入電子組的研究行列。

張教授仔細傾聽我對電子研究的期待後，很快地接納了我的請求。這算是我們第一次正式接觸，在談話中，我對於他自由開放的討論態度，以及專注研究的宏觀思考大為折服。

當時，張教授設立「所長時間」，全所的研究生都必須參加，他會要求同學們簡述個別研究的成果和進度，並且利用這段時間，告訴我們全世界的發展趨勢。

我進入碩士班做的第一個研究題目是「LPE」（液態磊晶成長，Liquid Phase Epitaxy），那是半導體領域的一個重要技術，專用於生產製造半導體雷射及發光二極體（LED）。

當年正值該技術被提出並開始在台灣發展的階段，屬於熱門的研究領域。然而，我發現LPE有其量產的困難性，所以，幾個月後，就改研究ＭＯＣＶＤ（有機金屬化學氣相沉積法，Metal-organic Chemical Vapor Deposition），這是同樣可以應用在製造ＬＥＤ、半導體雷射等元件的技術，對通信、光電等產業非常重要，而且這種技術使用氣體沉積方法，與主流的矽基半導體技術相近，非常適合量產。

我從ＬＰＥ改成做ＭＯＣＶＤ相關研究時，發現需要向國外購買很特別的砷及鎵液態濃縮溶液，心裡十分煩惱。因為進口手續繁瑣，而且耗時甚久，很怕趕不上畢業時程。在不得已的情況之下，我跑去跟張教授報告這個問題，結果他打開實驗室的冷凍櫃，告訴我：「這幾罐就是。」

原來他早就預見此項研究的重要性，給我這個題目時，已同時進口這些藥品。

當下，我心裡很訝異，一方面感激他對學生研究進度的掌握，另一方面對於他在研究上的洞燭先機更是佩服。

張教授清楚地展示，做研究就是要站在全世界趨勢的浪頭上，不斷往前邁進，與世界並駕齊驅。爾後，在多次與他進行研究討論的過程中，我也深刻體會到他對研究領航的執著。

他對學生的要求一向非常嚴厲，對研究成果尤其挑剔，常常告訴我們：「要做就要做最好的！」在他的督促之下，我的研究熱情一步步地被引導出來，有任何不懂的地方，就四處找人討論、或是到圖書館找資料。

後來，因應產業發展需要，國科會推動積體電路設計研究，鼓勵學生投入電路與計算機輔助設計的新領域。我自己對設計一向很有興趣，因此又跑去和張教授商量，希望他能夠同意讓我轉換研究題目。

當時，其實心裡七上八下，很怕會被轟出辦公室。沒想到他全力支持我的這項決定，在他的想法裡，做研究就是需要有人去開創新的「藍海」。

他自己也以身作則，親自開授「計算機輔助電路設計」（ＣＡＤ：Computer-Aided Circuit Design）的課程，帶領大家一起去探索這個全新的領域。也多虧他的支持與鼓勵，我得以成為國內第一位ＣＡＤ博士。

在我攻讀博士學位期間，常常有許多國外的學者前來訪問，這在三、四十年前來說，是很特殊的情況。每次一有外賓來訪，張教授都要求我們去接待、聽講、並且現場發問。到後來，甚至要求博士生必須幫忙籌辦國際研討會。

一開始，我因為英文口語能力不夠好，視接待外賓為苦差事。後來，才慢慢了解到他的用心良苦，他希望我們這些國內的研究者，能夠時時刻刻放眼全世界，不要因資源及資訊的不足而閉門造車，也讓我們有機會與世界級的學者和專家直接對話，提升自己的實力。

張教授時時關注研究未來走向趨勢的視野、勇於投入探索嶄新未知領域的積極態度，以及「要做就要做到最好」的信念，深深地影響了我。我自己後來開始指導學生，每每都以此為圭臬，也真正體會到，一個好的老師就是要能開拓學生的視野，幫助學生懷抱著遠大的夢想，站在巨人的肩膀上，仰望未來的世界。同時，也要盡力督促、引導學生，讓他們學會實現夢想的各種能力；必要時，要能帶領學生走出舒適圈，我覺得這是大學的老師們應該教給學生的重要技能。

一九八七年八月，張教授離開成大，北上新竹，創立了國家奈米元件實驗室（ＮＤＬ），為台灣的半導體元件人才暨技術深耕而努力。我也在同年夏天，離開待了十三年的成大，加入台大電機系的教授行列，並在一九八九年起協助國科會成立晶片設計服務實驗室，後來轉型為晶片中心。接下來，我又在張教授幫忙之下，成立國家晶片設計中心，這是台灣ＩＣ設計人才的搖籃，一直到現在，這兩個研究中心都是推動台灣半導體科技最重要的力量。

此後的研究生涯中，我陸陸續續開創了不少新的版圖和事業，包括成立台灣積體電路設計學會、ＳＯＣ教育改進聯盟、台大電子研究所、台大ＳＯＣ研究中心、台大創意創業學程、台大創聯會、台大Intel創新研究中心、台大車庫。

參與新創事業的推動，雖然有其特殊的需求背景，但這些勇於開創新局的行動，與我在成大接受張教授指導時所受到的啟發和訓練，有密不可分的關係。

我開始擔任導師及指導教授後，也無時無刻地提醒自己，要當一位能夠啟發學生的好老師。

我常在新的研究生入學，挑選指導教授時，就耳提面命的告訴學生，要好好珍惜機會，尋找一位能帶領自己進入浩瀚研究宇宙的人生導師，並以「做研究，就要做到最好」為使命。

以終爲始的研究觀

在做研究時，我看的是二、三十年後的需求；最重要的是能不能掌握時代的脈動？對於未來的社會是否有貢獻？

曾經有個研究生，一臉茫然地問我：「老師，我要選擇什麼研究題目、往什麼領域發展好呢？」

從事科技產業的人都知道，產品都有生命週期，一般來說是一到兩年的時間，我們看iPhone每年推出新的機種，就可以知道這個產業競爭有多麼激烈。

因此我告訴他：「一般來說，在學校的研發技術要比國內產業需求提早至少五年才有領先發展的空間，而國外廠商的技術又大約領先國內業者兩年；也就是說，你必須比別人提早七年看到未來需求的關鍵技術，這樣的研發才會有價值！但同時也要了解自己的興趣和專長，符合這些條件的，就是可能適合你的好題目和好的研究領域。」

做研究要眼高手低

「眼高手低」這句話原本是描述一個人好高騖遠，做事不夠踏實。但我常笑說：「做研究就是要眼高手低」，我講的「眼高」指的是眼界要夠高，能夠看得廣、看得遠，看到未來的趨勢。

「手低」，強調的是要有腳踏實地的執行力，要能蹲低身子，扎實地做好最底層的基本功。

「萬丈高樓平地起」，不管你可以講出多麼厲害的設計，只會動口，不會動手，還是一樣無法成功。

後來我在推廣創業課程時，看到矽谷創業大師Guy Kawasaki寫的《創業的藝術》一書中，以「望遠鏡和顯微鏡」來說明創業家該有的準備，就覺得心有戚戚焉。

書上說，創業家要隨身帶著望遠鏡，能遠望未來產業及市場的趨勢，也要隨身攜帶顯微鏡，隨時不放過身邊任何可能導致成功或造成失敗的線索。

當年，我與學長合作，花了很大力氣，終於成功開發出全世界第一套低氣壓ＭＯＣＶＤ技術。記得當時成大實驗室的量測設備不足，我還得向遠在楠梓的金屬工業研究所預借穿透式電子顯微鏡。每當晶片經過好幾天的高溫製造程序，順利從真空石英管取出後，就得騎著我那台老舊的摩托車，帶著晶片到楠梓去報到。而當我從高倍的顯微鏡中，好不容易看到辛苦設計的層層結構，清晰地出現在剖面圖上時，心裡頓時充滿了完成工作、功德圓滿的喜悅。

我們將結果分析整理後，撰寫報告，把論文投稿到該領域的國際會議，很快地被接受，我的指導教授還親自出席宣讀，這項技術現在仍舊維持主流的地位，是所有製造雷射及ＬＥＤ的重要工具，它的成品也被充分應用在人類生活當中。

博士班期間，我逐漸發現自己對量子物理的領域沒有太大的興趣，當時世界上正好發生兩個重大事件，一個是蘋果公司Apple II電腦的出現，一個則是一九八二年個人電腦（ＰＣ）的興起，讓我可以利用電腦程式進行實驗模擬。面對這個新的潮流，我預測結合模擬的前瞻設計，將持續對未來世界產生重大影響，便決定改變研究方向。

正好當年政府大力推動ＩＣ（積體電路，Integrated Circuit）晶片產業，興起一股創新風潮，一九八一年聯華電子成立，隨後一九八七年台積電成立，台灣正式進入ＩＣ時代，我對設計領域原本就有濃厚的興趣，決定配合政府的推動投入研究，開始致力於結合超大型積體電路及數位訊號處理演算法的研究，並選定數位影像為主要應用。

這在當時算是一項極為大膽的嘗試。

我在成大念博士班的四年半裡，曾經轉換過兩次研究題目，每個題目都花費約一年的時間。現在回想起來，那是一個摸索科技脈動的過程，過程中我不停地思考，為何要放棄原先的題目，嘗試自己不熟悉或有些陌生的領域？雖然過程非常辛苦，但也因此累積了許多寶貴的經驗。

對我而言，做研究最重要的是能不能掌握時代的脈動？對於未來的社會是否有貢獻？我一直期許自己能站在科技的浪頭上，貢獻一己之力。因此，在做任何研究之前，都會「以終為始」，考量到結果和效益，盡量往長遠的發展方向思考，先依未來預定的終點需求，訂出目標，再朝著目標勇往直前。

在做研究時，我看的是二、三十年後的需求，並且早一步將它做出來。我認為，「從事科學工作思考的是未來，不是現在。」這種對未來脈動的預測，往往必須藉由涉獵多方面知識而來，例如我喜愛閱讀科幻小說，裡面就有許多對未來世界的想像。

做研究沒有最好，只有更好

這些年來，我帶領著學生做研究，總是秉持兩個基本概念：第一個概念跟我出身農家有關，我希望既然花費大筆資源、精力做研究，產出的價值，起碼要比種田產出的多，對於社會有更多的貢獻。第二個概念是做研究一定要多方面涉獵新知，尋求多元可能性。經濟學裡談到「邊際效用遞減」法則，指當資源投入後，效用會不斷遞減，這種情形套用在農事生產的話，就是農地的養分逐漸缺乏，作物的產出量就會減少；如果農夫改採輪耕方式，耕種不同的作物，土地就能夠獲取不同的養分。

因此，與學生的研究討論中，我要求他們從各種不同的面向發想，並且養成從各種角度看事情的習慣。

「沒有最好，只有更好」，也是我常掛在嘴邊的一句話。我常問學生，「如果其他人跟我們做相同的研究題目時，我們有什麼方法可以做得比別人好？」

科技研發需要投入許多的心血，想要在競爭激烈的環境中脫穎而出，就必須找到自己的強項，以及團隊的優勢。最好團隊中能有多元的組成，就可帶入其他領域的刺激，讓團隊有源源不絕的動力，不斷醞釀出創新的點子。

做研究絕對不能劃地自限，不能只接觸自己擅長的領域。要多方面汲取知識，目光不要只盯在單一資訊上；否則，當別人也獲得相同資訊的時候，最終只是拚誰的速度快而已。要贏，就要贏在創新。

那麼，創新從何而來？創新是融合不同領域的知識，將它發揮在新的應用上。現代人習慣盯著電腦視窗，也限制住了思考。創新的敏銳度，不是與生俱來的，需要長期訓練、累積，所以我鼓勵學生應該要常上圖書館，博覽群書，每週花個半天的時間，翻閱與自己研究領域有關的期刊、雜誌，這些刊物傳遞的是全世界各個領域之中許多專家的知識、智慧結晶，時常花時間閱讀，或多或少都可以從中得到一些啟示。

我也告訴學生，每天至少讀一篇論文，維持這種習慣，兩年碩士班念下來，就有可能比別人多讀了七百篇論文，畢業時的程度也就大大的不同。

貝爾實驗室的震撼教育

我永遠記得那一天，當我在做自我介紹時，一位工程師笑著對我說，「我們正在研讀你的論文，因為你的研究對於我們正在開發的視訊電話，非常有幫助。」

由於家庭經濟的關係，我一直在國內念書、做研究，很希望能到國外看看相關的研究是如何地進行。一九九三年，機會來了！我報名參加公費留學考試，順利錄取後，寄出了幾份履歷給國外的知名大學和研究機構。

當時，在我的研究領域中，最負盛名的是貝爾實驗室（Bell Lab.）。由美國電信公司ＡＴ＆Ｔ主導的貝爾實驗室是全世界最頂尖的實驗室之一，許多舉世聞名的發明，像是二十世紀重大的發明「電晶體」，就是在貝爾實驗室當中產生的；不少諾貝爾獎得主也誕生於此。

我一心期盼著：「有一天，一定要到全世界最棒的貝爾實驗室看看！」

很幸運地，當時正好在台大有一場演講，主講人是台大電機系學長莊炳湟博士。他的演講海報寫的工作單位正是貝爾實驗室，主題是數位語音處理，我看了相當興奮，立刻跑去聽講，並找到機會與他聊聊。

他答應把我的履歷帶回美國。不久之後，貝爾實驗室的一位部門主管寫電子郵件給我，表示看了我的資料之後，對於我的專長很有興趣，希望透過越洋電話，跟我面試。

安排好面試時間後，心裡真是七上八下，充滿了忐忑不安。一方面是用蹩腳的英文和老外對談，對我來說是很大的挑戰；另一方面，我查了一下資料，發現這位主管是一位很有名的印度學者，他的著作是數位訊號處理的經典之一，能與這麼一位受人景仰的專家對話，緊張之情可想而知。

當天晚上，電話鈴聲響起，我和貝爾實驗室主管透過越洋電話進行了三方會談；電話那端，一位是後來我參與研究計畫的主持人，另一位就是莊博士。

聽到莊博士的聲音，心裡總算篤定一些。我們談了大約半小時，結束前，主管跟我說：「我們非常願意找你一起來研究，關於薪水，請你再開價……」

這真是世界上最美妙的聲音，猶如作夢一樣，我竟然順利地通過面試了！我按捺不住激動的情緒，抱著熟睡中的小孩，興奮地說：「我們要去美國了！」

半年後，我帶著一家四口搭上飛機，前往美國紐澤西州一年，進入了世界一流的貝爾實驗室團隊，成為客座研究員。

第一天上班時，我到各部門打招呼。我永遠記得那一天，當我在做自我介紹時，一位工程師笑著對我說，「我們正在研讀你的論文，因為你的研究對於我們正在開發的視訊電話，非常有幫助。」

當下，我實在太驚訝了！對於在鄉下長大，從未出國念過書的我來說，從沒想過，自己發表的學術論文可以有這麼大的影響力。更無法想像的是，在一萬公里以外的科技大國，有一群專家正透過改良技術，準備將這個劃時代的影像電話產品生產出來，並且販售到全世界。

貝爾實驗室的研發團隊，最後成功地生產了影像電話，它的外型和傳統電話差不多，只是多了一個可以觀看視訊的晶片以及小螢幕。當年這台電話要價大約台幣三萬元，而且一次要買一對，才能夠將影像傳輸給對方；也就是說，必須六萬元才能買到，在二十年前，這可是一筆龐大的數目！

靠著背後的一小片晶片，影像電話成功地創造出新的數位溝通方式，改變了人們的生活。我在貝爾實驗室期間，也參與了影像電話設計的計畫，一開始有點得意，覺得自己對人類的文明有些許貢獻，但後來發現，如果革命性的新產品總是由國外的廠商先行研發，那麼台灣的廠商永遠只能擔任為人作嫁的代工角色，賺取一些蠅頭小利，而無法提升整體產業的競爭力。

在貝爾實驗室的一年期間，我看到很多好的研究可以被落實，變成真正的產品，讓社會大眾所使用。當時，我立下了心願，以後有機會的話，一定要扶植台灣的廠商站起來，做出讓全世界刮目相看的產品！

不只有創意，更重要的是Total solution！

研發一個產品，不只是要創造出「最好的」價值，還要提出「比較好」的使用者經驗。

一九九三到一九九四年，我在美國貝爾實驗室擔任客座研究員期間，經常思考著一個問題：一直以來，台灣學術研究及專利權的數量在全世界名列前茅，但是新產品、新創公司的數量卻相對很少，整個產業的利潤也無法提升，這是為什麼呢？

我認真思考後發現，有創意、創新固然很好，但是還要有很多的配套措施，才能夠變成可以生產、使用的東西。也就是說，要創造出total solution（整合式的解決方案）才行！

接受過貝爾實驗室的洗禮之後，我在遇到問題時，就很習慣把整套的total solution一併思考，也會從客戶、使用者的角度來發想。我認為，研發一個產品，不只是要創造出「最好的」價值，還要提出「比較好」的使用者經驗。

舉例來說，假設今天要設計一個鉛筆盒，也許你會努力發揮創意，讓它不僅能夠裝鉛筆，還有削鉛筆機的功能。但是，客戶的需求可能只是輕便、好攜帶，設計出再多的功能也許是多餘的。倘若沒有掌握到需求面，就無法解決客戶實際的問題，再好的創意也會失去價值。

達成不可出錯的任務

我在台大升等為正教授時，同時受聘兼任計算機中心的作業組組長。沒多久，台大接受大學聯招委員會的委託，負責開發大考中心的電腦核心作業程式。原本這項工作是由程式組組長負責，但他因故請辭，結果，這個攸關十萬多名考生權益的重責大任，就交付到了我的手中。

當時，我將計算機中心的四十位組員，並從外包的電腦公司借調了兩名人手，組成開發所有程式及作業流程規劃的團隊。我們被要求必須在一年內準時上線，這是全國的大學聯考，是個不能推辭，又不可出錯的任務。

這項作業相當繁複，在寫程式時，必須針對考場、考試項目、考生身分、各學系分發要求……等不同條件做設計，是我們計算機中心團隊第一次面臨的重大挑戰。當時我們真的是非常緊張，每位成員都兢兢業業，很怕不小心出錯，變成全國的大新聞。還好，當時與我一起搭檔的副手也是ＩＣ設計出身，經過不斷的嘗試，我們設法活用ＩＣ設計的各種檢驗方法，努力解決各種迎面而來的難題和考驗。

此外，我們還要定期和各大學開會討論，由於各大學、各科系開出來的錄取條件規格要求很不一樣，這也是我們第一次有聆聽使用者聲音的經驗，真切體會到必須開發出符合客戶需求的成品才是有用的。

在開發過程中，我們發現每一位設計師都有個別的盲點，工程人員也有自己固定的思考模式，為了避免造成失誤，我們還設計出一種交替檢覈的做法，規定大家寫的程式必須交由其他人來執行，並且由精通演算法的人做最後的檢驗。

此外，基於網路安全考量，上線作業時，所有電腦都安置在封閉的作業室，因此分發完成前，我們都必須在門禁森嚴的辦公室上工，門外還有警衛站崗。

好不容易，大學聯考結束了！到了電腦閱卷、志願分發的作業時期，更是不能鬆懈。我們採用了執行太空任務等級的容錯設計，開發了兩組不同的程式，同時執行，利用交叉比對的方式，避免有任何出錯的可能。

這個「摸著石頭過河」，而且「只許成功、不許失敗」的工作經驗，讓我真正體會到「勤能補拙」的涵義，以及信任團隊的重要。

這也是我第一次真正帶領一個專業團隊完成艱難的使命，我們靠著勤奮的討論，團隊之間互相打氣扶持的作戰精神，克服了沒有經驗的問題。另一方面，它幫助我了解何謂「從使用者的角度看事情」，讓我後來做研究時更能夠全盤思考，徹底執行。我很慶幸當時自己勇敢地接受了這個任務，獲得了非常難得的學習經驗。

啓動產學合作

我引領學生把前瞻的技術拿來實際應用，
讓學生可以將自己在課堂上所學到的技術和理論實現出來，
從這個過程中感受到貨真價實的成就感。

八〇年代的台灣，生產出來的ＩＣ晶片，著重在單純的邏輯運算電路，以及個人計算機的套件，整體產業偏向於半導體的製造及代工。在八〇年代末期到九〇年代，語音處理的相關應用硬體，有一陣子非常紅。全球最大的半導體公司德州儀器，還推出了一款內建ＩＣ晶片的「speak and spell」學習玩具，讓學齡前的小朋友可以一邊玩，一邊練習英文。

只要按下玩具的按鈕，機器就會自動播放英文單字的發音，也可以對著機器唸英文單字，讓機器判讀講得是否正確。

這款玩具上市後，一時之間，在美國蔚為流行。當時，我看了非常驚豔，也觀察到它是運用數位信號將語音進行處理，對當時的台灣科技界來說，這是非常新穎的做法。

我直覺的判斷，「數位信號處理」將會是全世界未來科技的趨勢，因此決定投入語音及影像數位處理的研究領域。當時考量了兩方面的因素，一是「數位訊號處理」未來一定會越來越複雜，需要運用ＩＣ技術來解決，這是我的專長。另一方面，硬體設計及製造貼近市場的需求，研究成果可以很快地為產業所使用，對台灣科技產業有即時性的貢獻和幫助。

我當時成立的實驗室，命名為「ＤＳＰ／ＩＣ設計實驗室」，ＤＳＰ是「數位信號處理」（Digital Signal Processing）的縮寫，ＩＣ是積體電路（Integrated Circuit）的縮寫。我期待可以將自己在半導體ＩＣ設計的專長，與世界應用趨勢的數位訊號處理互相結合。

果真如我所料，科技發展的趨勢一路由電腦往消費性電子、通信領域擴展，至今，大家經常使用的手機、汽車之中都有好幾個，甚至上百個數位訊號處理電路；而台灣科技產業更是乘著這股潮流，一躍成為全世界３Ｃ（電腦、消費性電子、通信）產品的主要生產國。

此時，我也開始思考，未來的科技趨勢不只是將聲音數位化，影像也會數位化，如果可以把類比的影像錄影帶，全面變成數位，將可以節省更多儲存空間，以及使用者的時間。我決心設計出更複雜的演算方式，來應付二維、三維的處理作業。於是，一九八九年，我開始投入數位影像的研究。

我和實驗室的學生，目標是設計出可執行數位處理影像的ＩＣ晶片，並且將技術轉移給台灣的廠商，做出比國外更先進的數位產品，讓國內廠商可以在市場上有更多的獲利表現。

由於看到了「市場價值」，我們很早就開始研發影像處理的技術，並與本土廠商共同投入研發、生產的行列。後來廣泛被全球使用的ＶＣＤ、ＤＶＤ，以至於現在風行的藍光產品，幾乎都是從台灣開始生產，進而橫掃全世界，至今仍居業界龍頭的地位。

早期聯發科技的崛起，就是靠光碟機晶片獨霸全球，全世界大概八、九成的光碟機讀寫產品，一度都是由聯發科技供應讀寫的晶片。而我們實驗室的技術，在這股光碟機、光碟片的科技浪潮中，可說提供了不少的貢獻。

在那個「技術移轉」的概念還沒有普及的年代，我的學生就到業界協助廠商進行ＤＶＤ核心晶片的開發。看到一些實質開發的例子，學生們都非常興奮！因為他們發現，自己不是在做一些看不到實際效益的研究，而是真的可以將辛苦研究的成果，變成市場上有價值的產品。

當時產業界和學術界合作的風氣未開，學術界發表的論文常常讓人覺得「曲高和寡」，而產業界真正的需求，又不知道如何傳達給學術界解決，欠缺產學合作的平台。我引領學生參與業界技術開發，等於是把前瞻的技術拿來實際應用，讓學生可以將自己在課堂上所學到的技術和理論實現出來，並且了解實際應用時的問題所在，從這個過程中感受到貨真價實的成就感。

回想第一次的產學合作經驗，其實是在就讀成大博士班期間，我跟著指導教授，參與了設計「分子束磊晶」（Molecular Beam Epitaxy，簡稱MBE）的計劃。這是一套當時全球最新研發的IC半導體生產技術設備，張教授不只單純的購買設備來做研究，而是和廠商一起開發這款國外剛興起的設備。

在做研究的過程中，需要嘗試不同的實驗方式，所以張教授要求我及其他同學一起重新設計，當時我要負責計算分子束射入艙體的反射結構特性，我們透過電腦模擬，讓它變得更方便使用。而廠商也想要運用我們的設計，做出世界上最好的產品，因而展開了產學之間的合作。

第一次產學合作經驗，很像是新兵上戰場，既緊張又充滿期待。為了和廠商合作研發「分子束磊晶」設備，張教授經常帶著我們一邊在實驗室做研究，一邊開會討論，如何設計並製造出設備來，廠商也提供了我們許多的意見。

由於廠商有「加快做出來」的成本壓力，驅策著我們儘量縮短研究時間，讓我們不只是埋頭做學問，也真的看到「需求」在哪裡，然後快速地做出回應、提出解決的方案。

原本可能要做一、兩年的研究，因為廠商的加入，大約只花了半年的時間就完成，開始在實驗室中使用。

在一九八〇年代，這套「分子束磊晶」設備要價三千多萬台幣，其中注入了我們實驗室獨家研發出來的技術，大大地提升了晶片製作的品質。當設備運到實驗室正式安裝後，大家都非常感動，那種內心的喜悅是言語無法形容的！

踏上「技轉王」之路

如果當時不是勇敢的跨出一步，
我們的研究成果也許仍然只是發表在期刊論文和智財局的專利榜而已，
不一定能對社會真正有所貢獻。

二〇一〇年，我意外地登上國內知名的《商業周刊》封面人物。二〇一三年，該雜誌又以「最會幫台大賺外快的紅娘教授」為題，撰寫有關我的報導，記者在採訪中指出國科會主委朱敬一稱我為「技轉王」，因為我個人的研發成果技術移轉權利金超過新台幣五千萬元，並有近百件技術移轉，及技術協助兩家新創公司成功上市，所指導的學生也成為企業爭相聘用的搶手人才。

當我一開始在大學實驗室裡專注的做研究時，沒有想到它們會成為一項熱門的技術、市場上大受歡迎的風雲產品。但是，我始終秉持做研究不能關在學術象牙塔裡的想法，儘量跟產業界及使用者多互動，去找出實際應用上的問題，然後從專業的角度，提供解決的方案，希望做出對改善人類生活有幫助的東西。

九〇年代，有一次我到日本開會，順道去東京的ＮＨＫ電視台參觀他們最先進的數位影像展示。ＮＨＫ用了一整個大書櫃的電腦架，專門做為關鍵技術「移動估計」的計算，這已經是當時最先進的技術了。但數位影像訊號如果單用電腦計算，會處理很久，而且需要大量的電腦設備。

我因為很早便投入晶片設計領域，懂得用晶片設計，因此速度快上許多。也就是說，我們實驗室的技術優勢是可以非常快速地，將先進技術從實驗室轉移到使用者這一端，讓廠商可以很快的進入量產。

我還記得，一九九九年，全球興起了一片數位相機熱潮，台灣廠商也四處尋求可以設計製造數位相機的技術。後來，有廠商發現我在台大的ＤＳＰ／ＩＣ實驗室就有JPEG的論文跟作品，紛紛上門請求技術移轉。

當時我很驚訝，因為廠商要的，其實是我們早在三、五年前就做好的研究。而且，市面上數位相機的主流產品還停留在兩百萬畫素，我們實驗室已經擁有可以做到三百萬畫素的技術。後來，全球三百萬畫素的數位相機中，有相當多的比例，是應用我們實驗室的技術生產出來的。

到了二〇〇三年左右，當全球的主流影像格式，從ＪＰＥＧ、

JPEG2000，一路進化到MPEG-4時，我和實驗室團隊也發表了世界第一顆H.264/AVC即時影像編碼單晶片，以及世界第一顆H.264可適性視訊編碼（Scalable Video Coding）單晶片。

時至今日，H. 264已是全世界廣泛通用的國際標準影像格式，許多國家的電視台都使用H.264作為頻道的編碼格式，全球無線安全監控也採用H.264規格。

H.264的編碼機制原理是以圖塊為基本單元，把單張圖像分割成矩形小塊，預測下一張圖像會發生的動作，然後將圖像中沒有變化的部分省略不存；接著，利用差值編號，再加以預測演算，對影像進行編碼。例如一千萬個點，以前要算一千萬次，但靈活運用數位技術後，可以省略相同的信號，提高壓縮比例，節省很多記憶體空間的佔用。它的壓縮率及視訊品質也遠遠優於MPEG4。

這麼重要的應用，當然也吸引了世界上許多一流團隊進入這個研究領域，不少著名研究機構紛紛發表了各種創新方法。

而我個人認為，未來的影像應用一定與人們的生活息息相關，並且應該要隨身帶著走。當時很多團隊努力開發新方法，但他們多以軟體程式來處理，需要很高速的電腦才能完成；我因為博士班念的是計算機輔助電路設計，深知晶片的威力更強，所以我的想法是，如果能利用硬體的效率，加上和軟體整合，可以得到更好的解答。因此，最好的做法應該是從硬體結構的概念倒回去開發，同時考慮訊號儲存及運算複雜度的設計，才是最佳化設計。

我試著將影像信號處理與積體電路設計做時間與空間的交換，達成最佳硬體分享的即時影像編碼系統。靠著這個創新的觀念，以及鍥而不捨的努力，我們領先全球，陸續開發出各種適用於不同影像規格的影像處理晶片。我們的研究，也使得數位影像不再是艱澀難懂的理論，而是人人都可以應用的技術。

剛完成研發H.264編碼系統時，我和學生們非常興奮，想要將這套嶄新的數位技術推廣給供應安全監控系統的承包廠商。但一開始遭遇到很大的挫折，因為傳統的網路攝影機和安全監控設備，採用類比的纜線傳輸的方式；長期以來，每個地方有各自經營的供應商，他們覺得既有的類比監控方式夠用、有得賺就好，不需要再更新。我們沒有安全監控的背景，一下子很難進入這種商業模式。

二〇〇一年，美國紐約發生九一一恐怖攻擊事件後，全球對於安全監控設備的需求愈來愈重視；我和學生研發的數位安全監控系統也開始受到國際矚目，逐漸能將這項技術推廣出去。

回想起來，剛開始做技術移轉時其實內心是非常惶恐的，甚至懷疑實驗室的作品是否真能禁得起實際應用的考驗。

那時廠商來實驗室開會時，我們還聽不太懂他們講的術語，每次開會討論時都有些辛苦，慢慢地才搞清楚對方想要的規格。後來，看到搭配我們實驗室的技術做成的真正成品時，一時之間難以置信，我和學生一樣興奮，也覺得很有成就感。

如果當時不是勇敢的跨出一步與廠商接觸，我們的研究成果也許仍然只是發表在期刊論文和智財局的專利榜而已，不一定能對社會真正有所貢獻。因此，我一再呼籲學術界的研究工作者，特別是應用科學領域的人，盡量將研究成果移轉至產業界，創造出更多研究的價值，進而提升台灣科技產業在國際間的競爭力！

把技術根留台灣

我的團隊是全世界最早把H.264晶片研發出來的團隊，韓國的一些大公司，很希望我們能夠把研發的成果，透過技術移轉的方式，授權讓他們使用，但我們沒有同意。

我深知，一旦有好的科技產品問市，一定會有很多人爭相仿效。就好像農夫種田一樣，假如今年某樣農作物的收成很好，明年大家一定會搶著栽種，這時候利潤就會一直下降。

小時候在農村的經驗，讓我知道種田可以養活很多人；而耕耘一座科技田，則是養活台灣人的經濟命脈之一！所以，我希望能夠優先幫助國內產業界推動技術升級，並達到量產階段，促使國內業者成為全球多媒體晶片或系統的領導品牌。因此，我先將技術移轉給國內廠商，讓台灣有能力搶下數位影像的市場，取得較高的毛利。

韓國的公司，最後晚了我們將近半年才開發出數位訊號處理的晶片。至今，數位相機、數位電話、數位電視、數位監視器、智慧型手機……等數位電子產品，都受惠於即時數位影像的功能。也因為我們在數位影像領域的卓越成績，國際電機電子工程師學會（ＩＥＥＥ）在二〇〇一年頒授會士的榮譽給我，那是學會的最高會員身分，我也是當時國內最年輕的ＩＥＥＥ會士。

二〇〇九年，國科會為了慶祝成立五十週年慶，特別從五十年來所有補助的研究計畫中，挑選了五十項最有代表性的科學貢獻成就。很榮幸的，我的作品「即時影像編碼」入選為其中之一。同年，世界發展中國家科學院TWAS也將當年度唯一的工程科學獎頒發給我，彰顯了這項突破性技術對於人類科技的貢獻。

有了一九九九年技術移轉的經驗，以及後來陸續幫助不少廠商轉進數位影像領域後，我發現，只要產學界通力合作，利用前瞻技術，國內產業界絕對有實力和能力可以開發出創新產品，和世界各大廠並駕齊驅，甚至領先群倫。直到現在，不少國家的數位相機、手機，很多都還是台灣廠商設計、製造、代工生產的，台灣廠商在數位多媒體這個領域，始終居於全球的領導地位。

物以「需」爲貴

很多人以為創新就是要把一個東西弄得很炫，其實應該要先去想想：「這項產品最終目的是要給誰使用？是為了解決什麼問題？」

一九八八年我到台大任教時，曾經主動拜訪一些新竹科學園區裡的科技公司研發主管，想瞭解他們眼中的未來趨勢。我記得，在一位經理的辦公室聊天的時候，他從一疊資料中抽出一份卷宗，裡面是兩篇論文。

他說：「陳教授，你知不知道甚麼是Motion？這好像很厲害，你要不要看看？」

那是我第一次聽到「移動估計」（Motion Estimation）的新概念，覺得有趣、新鮮，當然也對業界技術發展之神速，大感吃驚。

之前我就對電動遊戲的圖像技術深感興趣，尤其當時Apple II開發出來的小蜜蜂遊戲，已經發展到數位圖像技術，大受歡迎，讓我更是刮目相看。因此在成大開了一門電腦圖學的課，一邊教學一邊研究。

老實說，那時我剛從軍中退伍沒多久，許多研究題目還不完全了解，但我判斷這應該是影像未來的趨勢。當時國內外都還沒有人做相關硬體研發，我把握住這個機會，踏上了影像應用從類比影像轉成數位影像的科技浪潮。

事後回想，我當時選擇盡快投入影像處理的研究，除了業界朋友的敦促外，也和兒時的經驗有關。

小時候，我就對色彩很感興趣，記得小學課本裡有提到，陽光透過三稜鏡時會分裂成七彩的顏色光，那時家裡沒有三稜鏡，我就拿起小鏡子斜斜地放入水中，將陽光轉射至牆壁，真的可以看到紅、橙、黃、綠、藍、靛、紫顏色，頓時非常興奮。

影像與色彩息息相關，是可以看得到的研究，讓我更有動力去探索它。小時候我在農村生活時，看到電視對於世界造成的影響，心裡就開始有了一個清楚的概念：任何與電視或視訊相關的產業，未來的需求都會非常大。

在農業時代，物以稀為貴。但是進入工業時代以後，各種機械工具接二連三地發明，生產技術與時俱進，很多物品都可以大量生產；之後，隨著電腦的普及化，網路世界變得無遠弗屆，讓知識的傳播極為快速；在科技的發展一日千里之下，新的技術很容易就取代了舊的技術，這是身為科技人的挑戰，因此必須不斷地嘗試創新。

而「物以稀為貴」這句話，或許應該改成「物以需為貴」來思考才是。所謂「需要為發明之母」，創新的發明必須以人類的需求為出發點。

多年後，我在一次會議的場合中遇見了當年那位新竹科學園區的經理，他已自己出來創業。

他很興奮的拿起自己的手機給我看，那時還只有按鍵式的手機，但是他說：「陳教授，我有一個很棒的新發明！」

原來，他利用手機按鍵上電容、電阻特性的改變，可以直接在手機按鍵上觸控寫字，可說是最早的觸控發明。

那時候，賈伯斯還沒有開發出智慧型手機，觸控螢幕也未開始流行，我覺得這是個超棒的技術，將來一定會改變人類使用機器的方式。因此，鼓勵他繼續開發這項技術，並建議他從使用者需求的角度，設計應用產品。

果然，後來隨著 iPhone的推出，他的觸控介面發明也跟隨著蘋果的產品流通到全世界。

我們的實驗室團隊曾經研發出一個接續JPEG格式的新技術，定名為JPEG 2000的電路設計，當晶片產出後，立刻在美國矽谷向全世界展示這項成果。當時我們對這個技術寄予厚望，認為可以取代JPEG，但開發新科技是一件很奇妙的事，科技人常常跑在時代的前端，使用者卻還停留在原地，使用著舊的技術。最大的原因，是舊有的科技已經可以滿足他們的需求。

JPEG2000的功能比原來的標準好很多，也有業者積極想要開發，結果最終還是沒有適合的產品可以將這個技術量產，以至於無法發揮預期的效用。

從研究的角度來看，能夠將不可能的技術研發出來是件值得喝采的事，表示科技進展真的可以做到極致。只是，從市場效益來看，若技術精進，需求卻沒有匱乏，就無法提供真正的效益，到頭來可能是白費力氣，成為一場空。

倘若沒有新的需求，就算再厲害的新科技，一樣沒有市場價值。因此，成功的產品，終究要回歸到消費者的需求。

在網路世代，不應單單只強調技術的突破，更要注重產品的呈現。

當年YouTube剛推出時，我們實驗室也有一個類似YouTube的技術與服務，但是缺乏營運概念。雖然YouTube初期的影像解析度很差，但是它能夠滿足使用者急於想要分享影片的概念；而YouTube使用的技術就是類似

JPEG2000的技術，當時的JPG檔案必須等待影像檔完全傳輸完成後才能看到，但是JPEG2000已經可以提供預覽功能，當檔案傳輸時間慢慢加長，影像就會越清晰完整。

很多人以為創新就是要把一個東西弄得很炫，這樣的觀念是錯的，其實應該要先去想想：「這項產品最終目的是要給誰使用？是為了解決什麼問題？」研究者在了解使用者的需求後，常常會被「逼」得去想出更多厲害的方法來解決使用者實際的問題，很多創新的概念，往往就是這樣成形的！

YouTube將技術依照使用者需求逐步調整改進，並掌握大家希望共享、分享影片的欲望，就是「物以需為貴」的成功例子。

創意與專利

只要我們好好地仔細省視問題的本質，分析問題的基本面，往往會發現答案就在問題裡面。

做研究的過程中，常會碰觸到一些基本難題，例如，晶片運算速度雖然很快，但運算越多，耗電量就越多，電池可能很快就沒電，這樣的設計就不會被接受。

當然，我們可以直接讓晶片少算一點，但這樣一來，影像品質也會因而下降，顯然不是好主意。因此，為了使我們的設計能用在手持的數位相機或手機上，必須要有更聰明省電的做法。

事實上，我和學生們常常陷入這種基本難題的挑戰之中。那時候，心裡都會默默期盼著，最好腦海裡能突然來個靈光一現的好點子，將問題迎刃而解。

不過，在這麼多年研究的經驗中，並沒有這樣的情況出現。我們往往必須要回到問題的根源，從各種角度去努力推敲，絞盡腦汁地尋找問題的答案，才能有一點點進展。幸運的是，通常只要我們能放下「一心求解」的執著心，好好地仔細省視問題的本質，分析問題的基本面，往往會發現答案就在問題裡面。

印象中最深刻的兩個研究經驗，在此也跟大家分享。

我們實驗室在做影像壓縮時，所提出的背景註冊法，主要負責同學是當時的博士班學生簡韶逸。

先簡單說明一下影像壓縮的概念：當電腦要記錄影像時，基本上是將一個一個的影像點經數位化轉成「0」或「1」後，儲存下來。所以，相片解析度越高，像素就越多，必須要壓縮才不會太大。現在，一般人的手機都能記憶成千上萬張照片，就是拜影像壓縮技術之賜。

在這個研究過程中，許多人提出「以物體為主體」的影像壓縮概念。意思就是相片中若有輛車子，電腦可直接紀錄「車子」這個物體，那麼就不需要再一點一點的記憶許多像點，如此一來，可大大節省計算和記憶的空間。

這個方法很有道理，但問題是，電腦要如何找出車子呢？

當時，大家努力嘗試從影像畫面中切割出物體的位置，雖然提出了很多方法，但計算量仍然很大，幾乎都要用到高級的電腦才行。

我們實驗室想到的是用晶片來解決運算問題，但發現會衍生出大量影像資料必須進進出出晶片的問題。

接下來，大家努力發想，有什麼方法能讓影像資料只進出一次晶片。仔細研究相關資料後，我們發覺，一般設計師為了讓電腦找出物體，以物體為主角，因此所有資料都要一再反覆比對。如果我們翻轉一下概念，每次影像一送進來，就將背景登記下來，以後跟背景不同的影像就是物體；也就是說，主角變成是背景。

只是一個小小觀念的改變，讓所有資料原則上只需送進電腦一次，大大節省了傳送及運算量。我們的方法一提出來，立刻大受歡迎，至今，只要是相關領域的研究者，都會參考我們的做法。

影像壓縮技術愈來愈成熟之後，很多人都知道，若把電影或電視影片定格播放，前後幾張的畫面幾乎絕大部分都相同，只有小部分有移動的物體，才會有些不一樣。因此將此概念用在影像壓縮的計算，但是計算量非常龐大，晶片變得大又貴。

我有位博士班學生黃毓文想到，既然最重要的是移動的部分，移動的物體應該符合牛頓定理中「動者恆動」的概念，因而提出了一個預測路徑的方法，直接依照物體特徵，就能預測該物體在下一張畫面中的可能位置，如此一來，可節省大量重複運算。

因為這個方法簡單又好用，我們的設計就變得非常有效率。當時，這項設計在矽谷發表時，獲得了所有與會者的一致讚賞，並且勇奪當年度的設計獎，目前幾乎所有的晶片設計都用得上這個概念。

每次我和實驗室學生想出一些覺得非常得意的解決方法時，也會考慮申請專利，以保護智慧財產權。我通常戲稱申請專利是一種「浮士德的交易」，因為發明專利者必須將所有發明的細節公開，以確保他人了解你的專利是甚麼，用來交換它未來幾年內成為有關單位保護的標的。任何人想要運用我們專利的方法做成產品，都必須要得到授權，並繳交使用費，好比繳交「過路費」一樣。

這種交易，對於研究者來說，是一項肯定。而我和學生們會進行技術移轉，就是認為讓一項好的發明或技術能為社會所用，等於是對社會做出最直接的貢獻，這也是身為研究工作者必須負擔的社會責任。

解放影像的靈魂

「科學家發現世界，工程師改變世界。」
未來世界的樣貌藍圖，往往就掌握在科技人的手中。

二〇〇九年上映的電影《阿凡達》（Avatar），是3D影像的一大突破，導演詹姆斯柯麥隆在片中大秀3D技術，拍出了十分逼真的立體效果。他在奧斯卡頒獎典禮上更大聲宣告：「二〇〇九年是3D電影元年。」

事實上，當《阿凡達》在國際媒體大放異彩之前，我和我的學生團隊就已經展開了3D影像技術的研究。

數位電視技術開始普及後，我開始思考：「數位電視品質愈來愈好，之後的數位影像產品，會是什麼樣貌呢？」

當時我和實驗室團隊就預測：未來是立體影像世代！

後來，我找了幾個學生，問誰有興趣做這個研究，包括張毓麟在內的幾個學生很想要嘗試看看，於是，我們從數位電視、投影設備為出發點，投入３D立體影像技術的研發。

那時候我們努力思考，如何將平面照片變成立體影像？以人體的構造來說，當我們看到一張照片時，可以感受到其中的遠近及空間感，因而聯想到：「如何讓電腦判讀平面影像時，也能夠產生空間感？」

我們的第一步是先做功課，了解人體的構造，找出眼睛傳遞訊號的過程是什麼？視覺是如何產生空間感的？為此，我們找了其他領域的專家，包括眼科醫師、心理學、色彩學……等跨領域的專家，大家紛紛提供了不同的線索。

後來發現，心理學最有助益，心理學中有關視覺認知的研究，對我們的幫助很大，從研究中我們發現，原來關鍵不在於眼睛接受訊號的機制，而是大腦的腦神經如何分析、判斷影像。

眼睛的視網膜會把看到的光訊號，轉成神經訊號，然後傳送到大腦。但是視網膜解析度有一定的辨識範圍，超過可以辨識的程度，便成了視覺的盲點；而人類的大腦，會自動補齊盲點的影像。

我們人類左右眼看到的影像是不同的，因為大腦會產生視角差的訊號，眼睛就會看到立體的影像。所以，研究的第二步，便是設法讓電腦產生「空間」

的概念。

我們把圖放到電腦裡，進行非常複雜的數學運算，找出一般２Ｄ平面影像的景深，合成３Ｄ視覺，再搭配立體的硬體，呈現出３Ｄ的立體感。

不久之後，我們實驗室成功研發出世界第一顆「超高解析度多功能單晶片影像解碼器」，可以支持不同頻寬的載具。當時我們非常興奮，稱之為「解放影像的靈魂」，這個成果獲得了很多獎項的肯定。二〇〇四年，我指導的學生在由宏碁基金會舉辦的龍騰微笑競賽中，就以「解放影像的靈魂」拿下了第一名。

阿凡達電影帶動了３Ｄ熱潮，許多人知道我在台大的ＤＳＰ／ＩＣ實驗室已開發出３Ｄ技術，紛紛跑來要求技術移轉，我還為此在台大開了一個說明會，當時幾十個國內、外的廠商都想要得到這個技術，量產成商品。

３Ｄ影像的應用範圍非常廣，不僅可用於３Ｄ電影、電視等娛樂功能，也能運用在教育或醫療用途上，這幾年，我們陸續和一些大型醫院進行合作，幫助了許多的人。

曾經有廠商問我，為何會投入３Ｄ影像信號處理的領域？我想，這與生活中的體驗息息相關。

我記得以前參觀博物館時，曾看過一個設備，只要人站在中間，便可以環狀進行拍照。

大家小時候或許都畫過立體圖，倘若畫好一個蘋果之後，還要再畫上陰影，陰影離蘋果愈近，顏色就愈深；反之，顏色就比較淡。這些看似和科技無關的事物，往往可以在研究上帶給我不少的啟發。

我是科技人，但是「掛」在網路上的時間並不多。除了專業的科技雜誌外，人文、管理類的書籍我也廣泛涉獵。平常工作之餘，我喜歡聽歌劇、音樂會，我常覺得音樂是一項很棒的藝術設計，經由幾個音符排列出不同的組合，就能創造出一首首悅耳動聽的曲子。相形之下，科技能發揮的空間又比音樂大得更多了！

我常以「現代達文西」來期勉自己和學生。達文西在文藝復興時期，就具有超越當代的思維，他著名的概念性發明有：直升機、機關槍、機器人、坦克、太陽能聚焦使用、計算器……等等，這些東西在當時的時代是不可能出現的，如今卻都一一實現了。

能夠看到未來趨勢、具備前瞻研發的能力，是令科技人十分著迷的！小時候，我們聽到的童話故事或許都是「很久很久以前……」，但是科技人要告訴大家的是：「很久很久以後……」，未來世界的樣貌藍圖，往往就掌握在科技人的手中。我常和學生說：「科學家發現世界，工程師改變世界。」所以，千萬不要小看自己腦海中的小小創意，它可能是提供未來無限想像、帶給人類更美好生活的偉大發現！

二〇一〇年，我和台大的實驗室團隊提出了「機器與機器對談」的構想，因為目前的手機、網路資訊，都是由「人」來產生、觸動，但未來物件可能會成為資訊提供者；簡單來說，就是機器與機器會自動做資訊交換及對話。舉個例子來說，車輛運行間，前面車輛啟動煞車時，會自動將訊息傳遞給後面的車輛，使它能夠自動煞車，減少撞車的意外。

我看到了這個趨勢，也瞭解到技術還沒到位，因而將這樣的想法告訴英特爾的技術長，成功地獲得英特爾五年的合作計畫，並且成立英特爾台大創新研究中心，每年投入新台幣四千萬元的研發經費。

創意需要熱情，也需要紀律的管理

當你真的腸枯思竭時，先別灰心，不妨把它當成是一項挑戰，開始有紀律地管理你的創意，或許會發現，創意，其實沒有你想像中那麼難。

在台大授課期間，即使平日教學和研究工作繁忙，我仍然盡可能每個禮拜跟自己指導的學生安排一對一的討論時間，並定期舉辦一對多的團隊會議。

在研究過程中，我會花非常多時間和精力去引導學生，我希望我的學生和工作團隊都是充滿熱情的。

在決定研究題目時，我常告訴學生：「你可以回去思考一下，這個題目你想不想做？對你來說有沒有意義？等下一次討論時，你再回覆我，想做的原因是什麼？動機是什麼？」

這些問號背後的意義就是要刺激同學去思考，希望他們活用「以終為始」的概念，探索自己真正想要奮鬥的目標。畢竟做研究是一件非常辛苦的工作，一定要有熱情，以興趣作為動力，才能支撐下去，也才能追根究柢地把研究做到完美。

我發現當學生了解且對自己的題目有熱情時，他們在做報告時，眼神都會煥發出光芒。

除了熱情，我認為，創意也需要被管理！

我曾在瑞士洛桑管理學院接受密集的管理訓練，並且參考美國麻省理工學院（ＭＩＴ），以及史丹佛研究公司（ＳＲＩ）……等世界著名機構提出的創新管理做法。這些創意專家不約而同地表示：創意需要管理，不然無法成為有效、有用的方式。

我認為，創意不是憑空生出來的，是有系統、有紀律的思考產物。

管理大師詹姆柯林斯（Jim Collins）在《從A到A＋》書中，也強調紀律的重要。他說，有紀律的員工、有紀律的思考、有紀律的行動，才能點石成金，創造卓越的績效。

「反覆檢驗」是創意管理的一環，它可以是一週，也可以一個月、一季為單位。例如，每週我和學生進行討論時，會先檢視過去這一週，他的研究是否完成了該有的進度，有哪些新的想法（What's new）？發現了什麼（What's the result）？我會根據這個學生的特質，以及他的能力，引導他下一步應該怎麼做（And, What's Next）。

在做３Ｄ研究時，我和學生團隊為了呈現３Ｄ的立體感，曾經想破了頭。在一次例行的發想會議上，一位很會素描和畫畫的學生張毓麟，他想到可以先把右眼遮起來，畫出左眼看到的東西，再遮住左眼，畫出右眼看到的東西，之後把左右兩眼看到的影像組合起來，就是３Ｄ的立體圖像。

於是，我們便試著設計程式，讓電腦用上述方法把立體的圖片分解出來，完成了精采的３Ｄ電腦影像技術。

如果一開始，我們就想要一步登天的將創意想法做成具體的產品，可能沒辦法一步到位，但透過周期性的思考管理，便可以一點一滴地進步。

當你真的腸枯思竭、想不出東西來時，先別灰心，不妨把它當成是一項挑戰，開始有紀律地管理你的創意；當你把大目標化為小目標後，或許會發現，創意，其實沒有你想像中那麼難。

科學，也應該是科普

不要對所有事情都習以為常，科學存在的目的就是為了滿足人類基本的好奇心，告訴我們「為什麼要這樣？」「為什麼不可以那樣？」

二〇一二至二〇一三年，我在國家實驗研究院擔任院長期間，正值國研院十週年慶。當時我突發奇想，希望國研院旗下十一個不同研究中心做的尖端研究，可以用科普的方式展現在國人面前，讓一般人士，無論是小孩子或是阿公、阿嬤，都能夠了解。

一開始，同仁們都覺得不太可行，國家級的科學實驗，怎麼可能讓老老少少都能聽得懂，看得出其中竅門，但我鼓勵同仁努力試試看。

後來，經過內部集思廣益，我們想出了一個科普展覽的點子，將科技與文創做結合。

二〇一三年六月十五日到二十三日期間，我們在台北華山文創園區推出的國家實驗研究院十週年系列活動當中，有一項「創新科技教育展：體驗科學、了解科學，在歡樂中學習」的展覽，由國研院的「台灣颱風洪水研究中心」主導，把颱風、地震、太空……等複雜的研究，用簡單的物理概念和實作設計給呈現出來。

在颱風的展示區中，我們做了一個風輪機，只要加一點水霧進去，再按下抽風機的啟動按鈕後，水氣就會劇烈的流動，模擬颱風將至、低氣壓形成的狀態，這個展覽讓現場參觀的小朋友們都感到很好奇又驚訝。

防震工程的呈現方式，則使用三層樓的結構體；我們做了簡易的牆壁來模擬真實的房子，並展示了地震來襲時，有剪力牆與無剪力牆在抗震能力差異方面的強烈對比畫面，很多小朋友都玩得不亦樂乎。

至於太空科學的展示，我們在會場中安置了一個大氣球，再用投影機將影像投射到氣球上，會場頓時出現一個超大的地球儀。小朋友們可以透過操作滑鼠，模擬太空衛星「福衛二號」從外太空看地球，以及衛星發射到外太空之後的情況。

藉由一個投影機加上電腦，就可以讓小朋友了解太空世界的奧秘，不僅前來參觀的大、小朋友都很興奮，實際參與的同仁們也都很有成就感。

這些研究原本聽起來似乎很難、很專業，但透過實體的互動遊戲，以深入淺出的方式介紹給普羅大眾，讓科學變得容易親近，希望能啟蒙更多未來的科學家。

我記得自己小時候，常常對於很多自然現象充滿了懷疑，例如：「為什麼磁鐵只有一面會黏，另一面不會？」、「為什麼鏡子可以反射物體？」

鄉下小孩大多沒錢買彈珠，會用龍眼籽當彈珠，自己設計出很多種遊戲。例如，在地上畫個圈圈，和同學比賽誰彈進去的最多。雖然當時並不懂牛頓力學，但我們都知道控制力道的技巧，倘若力氣太大或太小都贏不了。

我們的生活中，處處充滿了力學、電磁學……等物理現象。事實上，小時候，我們從玩泡泡、堆積木開始，就對這些科學現象產生了興趣，想知道為甚麼會這樣。只是長大後往往沒有心思再去多想「為什麼」，也漸漸對周遭的事物失去了好奇心與熱情。

我曾經看過一位國外的小孩才五歲，就懂得寫java程式來控制玩具；反觀台灣的教育制度，很容易讓孩子的好奇心受到壓抑。因此，我經常提醒自己的學生，把孩童時期的好奇心找回來，不要對所有事情都習以為常。因為，創新常常就是從大家覺得沒什麼的地方發掘出來的。

我也請學生們想一想，當他拿到學位走出校門，他的父母、年幼的姪子或年邁的祖父母，問起他的博士或碩士論文研究內容是什麼時，他能不能講出一番道理，讓他們聽得懂？如果不能的話，就表示他的學問也許還沒讀通。

科學存在的目的除了是為了滿足人類基本的好奇心，告訴我們「為什麼要這樣？」、「為什麼不可以那樣？」它還能促進人類文明的進步，創造出更便利的生活。我認為，科學和生活是息息相關的，從事科學研究的人不應該只是埋首做研究而已，也要努力扮演「科技志工」的角色，將科學的種子散播在社會上的每個角落。

全腦式思考訓練

閱讀、運動、聽音樂、參加藝術活動……等等，都是活化左右腦、提升腦力的方法。

研究工作做久了，難免會碰到思想僵化、定格的情形。就好像打球打久了，常常就是那幾招，招式一用老，當然就稱不上創新。

孔子說：「學而不思則罔，思而不學則殆」，我們做任何事時，一邊學習一邊思考，才不會被侷限在狹隘的思考框架裡。

為了活化頭腦，平常就得鍛鍊能夠跳脫思考框架的方法。其中有一種做法，我覺得可以刺激腦部有更廣泛的聯想力，就是「全腦式思考」。我在二〇〇五年曾至瑞士洛桑管理學院研習創新管理，就發現他們非常強調全腦式的思考訓練。

左腦管理性，右腦管感性。左腦與語言能力密切相關，擅長邏輯推理，主要是解讀記憶從外界所獲取的知識和訊息，並且隨著制式規則、公式思考；右腦則是協助圖像的處理，擅長聯想、連結一些相關圖像的關係。

每次與工作團隊進行創意討論時，我習慣在白板上，將大家腦力激盪的意見以圖畫方式彙整出來。

當左腦在做邏輯思考時，右腦也會因圖像的刺激而加入思考的行列。因此，成員們的右腦會受到白板上圖像的刺激影響，往往能夠激發出更多天馬行空的點子。這種圖像式思考，也叫做「心智圖法」（Mind mapping），是全腦式思考訓練之一。也有人稱它為「waterfall思考法」，因為眾人的創意就像瀑布一樣，不斷延伸。

小時候，我生長在農村，生活中沒有什麼娛樂，最常見的就是廟會喜慶中的布袋戲，不知不覺中，它也成了最好的圖像訓練工具。

當時，我對布袋戲相當著迷，甚至會用手帕做成人偶，模仿黃俊雄布袋戲裡的史艷文、雲州大儒俠，說故事給妹妹聽，養成了圖像思考的習慣。

在兩個兒子還小的時候，我也常讀繪本給他們聽，刺激他們的圖像思考力。

除了圖像思考之外，閱讀、運動、聽音樂、參加藝術活動……等等，都是活化左右腦、提升腦力不錯的方法。

我從念研究所開始打羽毛球，發現對於訓練體力很有幫助，它可以幫助我活絡思緒，同時培養團隊的默契。現代醫學已經告訴我們，長時間的運動可讓身體產生「腦內啡」，提升身體活力，也活化心腦的能力，讓我們的行事思考更敏捷、更有智慧。因此在擔任台大教授期間，我不惜血本，幫同學租下台大羽球場，讓大家可以每週一次，盡情的在球場上打球，揮灑汗水。

每年台大運動會時，我也會帶著學生一起去跑馬拉松，主要目的就是希望他們養成固定運動的好習慣。

對於工作忙碌、步調快速的科技人來說，運動不啻是紓解壓力、獲取靈感的方式之一。我有不少學生在聯發科工作，當初聯發科準備蓋新館時，學生們利用這個機會向總經理建議可以蓋座羽球館，最後新館落成時，真的有羽球館。

Tips

- 人生的各個經歷都是有意義的，每段時期，就像是一顆顆珠寶，只要朝著理想目標前進，總有一天會發現，它們已串成一條光彩奪目的項鍊。
- 一個好的老師就是要能開拓學生的視野，幫助學生懷抱著遠大的夢想，站在巨人的肩膀上，仰望未來的世界。
- 做研究就是要眼高手低，我講的「眼高」指的是眼界要夠高，能夠看得廣、看得遠，看到未來的趨勢。
- 在做任何研究之前，都會「以終為始」，考量到結果和效益，盡量往長遠的發展方向思考，先依未來預定的終點需求，訂出目標，再朝著目標勇往直前。
- 小時候在農村的經驗，讓我知道種田可以養活很多人；而耕耘一座科技田，則是養活台灣人的經濟命脈之一！

- 而「物以稀為貴」這句話，或許應該改成「物以需為貴」來思考才是。所謂「需要為發明之母」，創新的發明必須以人類的需求為出發點。
- 當你真的腸枯思竭、想不出東西來時，先別灰心，不妨把它當成是一項挑戰，開始有紀律地管理你的創意；當你把大目標化為小目標後，或許會發現，創意，其實沒有你想像得中那麼難。
- 把孩童時期的好奇心找回來，不要對所有事情都習以為常。因為，創新常常就是從大家覺得沒什麼的地方發掘出來的。

第四章

管理的藝術

合作無間的協奏曲

從人生第一次的管理經驗中，我學到「天下無難事，只怕有心人。」只要信任團隊，取得團隊的共識，大家同心協力地合作，一定能做出一番成績。

我在建中是國樂社成員，進入大學之後，自然毫不考慮地加入成大國樂社。成大國樂社團員人數高達四百五十人，底下又分成古箏、二胡、笛子……等組，是全國國樂比賽的常勝軍；大三時，我被推選為國樂社樂團團長，第一次管理這麼多成員，對我來說是一項極大的挑戰。一開始，我和自己找來的組長們都感到相當惶恐，不知如何著手才好，後來我們想到以暑訓的方式，凝聚大家的共識，獲得了不錯的迴響。

經過團員幹部的熱烈討論後，我們策劃了一場場別開生面的音樂發表會。我們首開先例，邀請了台南師專合唱團一起跨界合作，舉辦了「民歌之夜」，由合唱團唱民歌，成大國樂社現場伴奏，這在當年是個創新的跨領域合作，相當受到好評。我們也首度舉辦了「協奏曲之夜」，有梆笛協奏、琵琶協奏、二胡協奏、高胡協奏、古箏協奏等等，大家都玩得很盡興。至於期末發表會，則將所有的成員集合在一起演出。到了開演那天，看到台下坐滿了將近兩、三百名觀眾，心情十分雀躍，沒想到演出前一刻，突然無預警停電了……

在兵荒馬亂之際，指揮與團員都很沮喪，此時小時候點蠟燭做事的畫面突然浮現在我腦海中，我想到何不點蠟燭繼續演出，大家也覺得值得一試。趕緊請團員去附近的商店購買蠟燭，插在樂譜架上，現場頓時瀰漫了一股浪漫的氣氛。

這個化危機為轉機的舉動，讓演奏得以順利進行，而當演出結束，台下傳來如雷的掌聲，站在台上的我終於鬆了一口氣。

在我帶領成大國樂團的期間，活動量超過以往。這些以前沒有人做過的嘗試，引發了團員們的興趣，大家的參與度都很高，對於各種活動經常躍躍欲試！

在那個大學生以讀書、家教、社團為重心的年代，環島旅行的風氣還未開，我們即大膽地提出了「環島演出」的構想。

大三那個暑假，我們租了兩台遊覽車，載滿團員和樂器，在學校的授旗儀式之下，一路浩浩蕩蕩地從高雄、台東、花蓮到基隆進行巡迴演出，就連當地學校的國樂社也慕名前來觀賞。

當時我們演奏的樂譜都是用手抄寫的，身為國樂社團長的我，平常除了找曲目、安排分工，還得安排各種活動行程。為了辦活動，我經常得跑公文、向學校申請經費、幫忙找贊助商……這對於往後我在台大舉辦各項國際性會議很有幫助。當我畢業卸任樂團團長時，還特別將寫了洋洋灑灑十幾頁的《團長手冊》留給學弟妹們，希望能將過去的寶貴經驗傳承下去。我覺得這是個很好的習慣，後來，我在辦理各項大型活動或會議，以及各類主管交接時，都會把自己寶貴的工作經驗和心法，鉅細靡遺地寫成交接手冊，交給接任者。

十年前，大兒子考上成大，我陪他到學校報到，特別回到成大國樂社看看。結果，竟然發現自己當年手抄的樂譜仍擺放在櫃子的一角，一時之間百感交集，懷念的感覺也湧上了心頭……

當年，我帶領成大國樂社這個龐大的樂團時，由於缺乏經驗，只能不斷地從做中學；從人生第一次的管理經驗中，我學到「天下無難事，只怕有心人。」只要信任團隊，取得團隊的共識，大家同心協力地合作，一定能做出一番成績。

我在獲得博士學位進入軍中服役時，被分發到國防管理學院資研所，這是軍方培養管理人才的地方，所以我很幸運的，能向具有各類管理長才的專家學習請益。

為了發揮所學，加上同事及軍中學生的協助，第一學期我向學校提出一個電腦輔助教學的研究案，幸運地獲得有關單位大筆的補助；一年後，這個系統已可以真正被使用在相關單位的教學上。而令人欣慰的是，我在這兩年中陸續指導的四位軍中研究生，都完成了論文。透過我的指導，其中有兩位後來晉升為將軍，有三位現在已成為國內外表現傑出的大學教授。

即使面對的是學生，也需要團隊管理，引導他們做出不一樣的貢獻，是我的心得。

從人生第一次的管理經驗中，我學到「天下無難事，只怕有心人。」只要信任團隊，取得團隊的共識，大家同心協力地合作，一定能做出一番成績。

LG變法

「那是個不可能的任務，咱們下手吧！」
如何後發先至，讓台大電子所不僅成為台灣第一，甚至是世界第一，我們做到了！

一九五八年，交通大學率先成立了電子研究所，台大則一直到二〇〇一年才創立電子工程學研究所，是國立大學之中最晚成立的電子研究所。

陳維昭校長指派我出任第一任台大電子所所長，當時所裡有四十多名教授和二百多名研究生，要管理這麼多師生，可說是很大的壓力和挑戰。

此外，我也思考著一個問題：如何後發先至，讓台大電子所不僅成為台灣第一，甚至是世界第一？

在台大電子研究所成立當天，我特別邀請了國際知名的電子學領域大師劉炯朗教授來所裡演講，我稱它為「灌頂大會」（取「醍醐灌頂」之意），希望能夠藉由大師的典範，激勵所有師生，更有信心地向前邁進。

我還記得，二〇〇一年十一月，電子工程專業報紙《EE Times》上有篇文章，標題是：「台灣再次在固態電子電路會議三振出局！」他們也採訪了國際固態電子電路會議的主席，談道：「也許台灣對賺錢的興趣，已經遠高過研發走在時代尖端的新技術。」

這件事讓我感到相當不服氣。

我告訴學生，「在省運中拿到金牌固然不錯，但是能在奧運中奪得金牌才能受到全世界的矚目，揚名國際！」

由於台大已經連續五年沒有一篇文章在ＩＳＳＣＣ會議中發表。因此，我鼓勵所內的學生把研究成果送去被譽為「ＩＣ設計界奧運」的國際固態電路研討會（IEEE International Solid-State Circuits Conference,ISSCC）參賽，並祭出了獎賞：只要論文有辦法入選，就可以提早拿到博士學位，直接畢業。此外，我還加碼洽談贊助商支持，提供學生去美國矽谷發表論文的旅費。

不知道是否因為「重賞之下必有勇夫」發揮了作用，隔年台大學生的論文數就在ＩＳＳＣＣ衝到了世界第一，並且連續五年保持第一，比麻省理工學院、柏克萊大學、史丹佛大學的學生都還要強。

在我卸任台大電子所所長的那年，ＩＳＳＣＣ執行委員會的主席特別來台大訪問，他問我，「為什麼台大的學生這麼厲害？」

由於台大學生的出色表現，幾位系上的老師後來也分別受邀擔任ＩＳＳＣＣ執行委員會委員，真是莫大的光榮。

我曾看過一本英特爾（Intel）共同創辦人羅伯特・諾宜斯（Robert Noyce）寫的自傳，談到他如何率領年輕人創業，創下至今無人能敵的ＩＣ王國，以及如何帶領企業轉型迎接日本的挑戰。他和年輕同仁談話時，最常用的結語就是「那是個不可能的任務，咱們下手吧！」

這也是我經常期勉學生的一句話。

想要在競爭激烈、世界一流的科技殿堂中勝出，原本是一個艱難的目標，但是，憑著信心和毅力，我們真的做到了世界第一！同事都笑稱這是「ＬＧ變法」（ＬＧ是我的英文名字Liang-Gee縮寫）。

改造工研院電子所的新創經驗

帶領工研院電子所團隊衝鋒陷陣的歷程，
將許多不可能化為可能，就像是打了一場美好的勝仗。

在我進入成大電機系之前，「財團法人工業技術研究院」（簡稱工研院）於一九七三年成立。當我念完碩士、博士時，工研院電子所曾經兩度向我招手，很可惜的，我都與它擦身而過。

二〇〇四年七月，我剛卸下台大電子所所長的職務，就在前所長徐爵民的盛情邀約之下，借調至工研院，從他手中接下了工研院電子所第七任所長的棒子。

由前行政院長孫運璿先生在經濟部長任內創立的工研院是台灣最大的產業技術研發機構，更是開創台灣半導體產業的先鋒。台灣的科技產業能夠快速發展，帶動經濟起飛，工研院絕對是重要的推手之一！早期的聯電、台積電、聯發科、矽統、凌陽、瑞昱……等在台灣舉足輕重的半導體公司，都是從工研院電子所培育出來的團隊。不只是半導體產業，其他如友達、元太等重要的元老級面板公司，裡面的核心成員也多數出身於工研院。

一九七七年，工研院建立台灣第一座四吋晶圓的積體電路示範工廠；一九八〇年起，陸續衍生了包括聯電、台積電、台灣光罩、世界先進……等半導體大廠，開啟了台灣ＩＣ產業在全世界舉足輕重的角色。一九八三年工研院更開發出與ＩＢＭ相容的個人電腦，並將技術移轉給國內業者，帶動周邊產業的蓬勃發展，奠定了個人電腦資訊產業的基礎。

早年工研院電子所執行次微米計畫，在啟動此一重大的研發計畫的同時，也規劃蓋了一座新的研究大樓，等到研究計畫完成後，就把整個團隊，連同人員、智財、技術、整棟大樓變成一家新創公司。這樣一來，研發成果就可以直接移轉、生產成產品。一九八〇年，新竹工業園區第一家半導體公司聯華電子，就是由工研院電子所spin off（衍生）出來的，這種技術生根、開枝散葉的模式非常成功，扶植了不少國內的高科技廠商。

工研院的努力，也讓台灣的科技產業一路成長壯大，得以在世界上佔有一席之地。

我上任工研院電子所所長時，正好是工研院成立三十週年。當時提出了一個慶祝的口號叫做「晶彩三十」，「晶」代表晶片ＩＣ，「彩」代表彩色面板（Display），象徵工研院電子所對於台灣電子產業三十年來的發展，扮演了催生者、守護神的角色。

歡度工研院三十週年慶的同時，我的心中難免有些隱憂，雖然工研院前三十年打造出台灣的高科技產業榮景，但許多人才相繼出走，組織內部也已經開始出現「心態老化」的現象，部分員工心態偏向保守，逐漸缺乏活力與創新氛圍。更大的問題是工研院的核心能力，原本是將實驗室等級的前瞻研究，繼續研發加值成為能夠大量生產產品的產業化技術。然而，當產業界快速茁壯，並且能在相同領域建立足夠研發團隊之後，工研院內部類似的技術團隊，無論是技術、資源、經驗，都會相對落後。例如，當時台積電、聯電已經有十二吋晶圓技術，而工研院內部用的還是最早期的四吋晶圓工廠；友達、奇美已經有六代面板廠，我們用的仍是原本三代面板的生產線。

這些高科技公司有營運收入的支撐，可以招募全球最好的人才，投入最先進的設備。那時，光是台積電的研發經費一年就高達數十億以上；對比之下，電子所一年經費還不到二十億台幣。如何發揮能量，再創科技產業新興機會，是我和電子所都必須面對的課題。

我認為，創新應該是工研院的核心價值之一，而為台灣產業開創新局也是工研院重要的使命。

因此，喚起同仁們的創新意識是相當重要的課題，必須想辦法重新點燃團隊的使命感和熱情。於是我花了不少時間，請教早期離開工研院出去創業的傑出院友們，希望擷取更多成功者的經驗。許多從工研院出身的科技大老，跟工研院一直保持不錯的關係，包括曾繁城、宣明智、史欽泰、章青駒、李秉傑、胡正大……等人，我都親自登門拜訪，一一向他們請益。

我希望這種智慧的傳承經驗，不只是在我個人身上發生作用，而是能夠感染至整個團隊。因此，我在電子所籌劃了「向大師學習」的系列講座，邀請一些重量級的科技人士來所裡演講，把他們對於新創的熱忱及想法，傳達給電子所同仁。看到老同事，大家都非常興奮，我希望讓所裡的每一位同仁，聽了這些前人的經驗之談，也能興起「有為者亦若是」的想法。

為了帶動團隊向前進，我們也設定了「創意、活力、效率」作為工研院電子所的經營理念。我鼓勵同仁們多去瞭解業界的需求和動向，並且提供產業相關服務及研究，而不僅僅是研究計畫的執行者。

此外，我也告訴大家「先蹲後跳」的觀念，強調我們必須先蹲下來，好好把新興科技所需的量產技術打底，才能有機會再跳起來，與業者一起打拚，協助他們攻下創新科技的山頭堡。

我深信「沒有新創，台灣就沒有機會！」台灣高科技產業若要永續經營地走下去，一定要有源源不絕的新創意，並且將這些創意轉化成有競爭力的產品。

從台灣高科技產業發展歷程來看，以往常常是國外先開發出一項新產品，國內廠商也很快地研發出來，以「快速追隨者」（Fast Follower）的角色進入市場，然後以「大量生產」取勝，即大家熟悉的「快老二」主義。

工研院電子所一向以「電子產業的開路先鋒」自居，理應放棄follower（跟隨者）心態，走向Pioneer（開路先鋒）。既然要開路，我們所有研發的指標就必須具有國際競爭力，因此，所有主管及計畫主持人必須好好檢視自己帶領的團隊，目前所走的方向，是否擁有國際競爭力。此外，技術主管們也應加強提升自己的產業國際觀，開發具有未來競爭力的核心技術。

在美國ＩＢＭ華生研究室（Watson Lab）的專利牆上，掛滿了大金牌的照片，大金牌代表該研究人員有三十件以上的專利。為了鼓勵研發同仁專注於專利的開發，我參考美國ＩＢＭ的華生研究室的做法，在電子所進門處設立了一面專利牆，上面有每月之星的照片，讓表現優秀的同仁產生榮譽感。

我期待將來有更多同仁，也能像他們一樣，可以在專業領域中累積更多專利。當然，同仁有其他特殊的表現，例如運動優勝、品管優異，我也會特別約見鼓勵他們，並犒賞一頓大餐。

願景的規劃

雖然有強烈的外部壓力驅策著我們向前進，但想要讓整個團隊動起來，還是需要從內部的改革著手。我參酌以前自己帶領團隊的經驗，覺得凝聚共同目標是很重要的。所以，我籌劃了一場策略規劃會議。

那幾年，韓國三星的成功模式在業界引起了話題，三星集團李健熙會長上任不久，就強力要求各部門選擇題材，不能做到世界第一的計畫都會被檢討。據說最終三星將正在執行中的兩萬多個計畫精簡成兩千多個，這也代表九成的計畫都被迫喊停！

顯然，「Select and Focus」就是三星的成功要素之一。我們很仔細的研讀三星的策略，我也要求各技術主管，除了內部討論之外，還必須廣泛徵求外界的建言，所有主管都必須將內外意見彙整後，提出部門「先蹲後跳」的策略。

在和全所主管進行的策略規劃會議上，我們選定「軟性電子」為電子所跨越三十週年的新方向。這個方向正好與電子所前三十年的「晶彩三十」成就密切連結，「晶」片技術是指在矽晶的基板上設計並製作電路，因而發展出來產值上兆的半導體產業。「彩」指的是在玻璃基板上設計製作電晶體電路，從而帶動出結合液晶的面板產業，這是另一個帶來光彩和榮耀的上兆產業。

在軟性電子方面，希望能開發出將電晶體製作在塑膠基板上的技術。我們預測，未來與人體密切接觸的醫療器材產品、可曲折式的顯示面板，或是簡便型控制電路……等等，都需要用到這項技術，希望早日進攻這個領域，帶動台灣產業發展的新契機。

策略規劃會議之後，我進一步在築夢茶會中揭櫫以「守兩兆（半導體、影像顯示產業）、攻軟電（軟性電子）、探醫電（醫療電子）」為戰略，期望同仁們共同奮鬥，開創新局。

「築夢茶會」是我特別規劃的活動，讓平常沒有參與策略規劃會議的同仁提問，有機會抒發自己的理念。利用這個雙向對談的機會，讓同仁們充分感受到，我與他們是站在同一陣線上。

聽到這樣的攻守戰略之後，同仁們全都動了起來！所內主管們分別從技術面、市場面、計畫爭取等方面進行，我們拜訪了產業界老闆、院內長官、技術處、經濟部、國科會、行政院官員，做了許多簡報，得到非常多迴響與支持。經濟部同意未來五年的經費支持，成立軟性電子實驗室，並規劃未來的試量產；國科會則積極配合展開人才培育計畫。有幾所大學更是籌組了研究團隊，準備與電子所一起「攻軟電」。

帶領電子所團隊做策略願景規劃時，我也同步檢視了台灣半導體產業的未來需求，發現記憶體設計的重要性。於是，我們內部分頭諮詢國內外專家的意見，努力找尋具有發展潛力的方向。

經過評估，我們認為ＰＣＭ（Phase Change Memory，相變化記憶體）的潛力無窮，因此分別與國內的記憶體製造廠商，包括力晶、華邦、南亞、茂德四家大廠討論，組成了「前瞻記憶體研發聯盟」，共同合作研發這項產品。

接下來，在短時間內，我們也籌組了「軟電產業聯盟」，結果連續兩場說明會都擠滿了廠商代表及學者專家，盛況空前，目前已有近六十家廠商及研究單位加入聯盟。

把事情做對的執行力

有了共同的願景，我發現，帶領工研院電子所七、八百人的團隊朝著目標全速前進，就不再是難事。

但是，選定題材，確認大家有了共同的願景和目標，就好像農夫選定了種稻米，把秧苗都插在田裡，並無法保證稻子就一定生長得好，或是能夠有好的收成，勤奮的巡田是很重要的工作。

為了鼓舞士氣，我特別寫了一封信給研發同仁，希望大家要時時刻刻警醒，發揮追根究柢的研究精神。

我還記得，自己在信裡這樣寫著：

「《世界是平的》這本書曾經轟動一時，它闡述了全球化競爭的浪潮正席捲世界上每一個角落，帶給我不少省思。面對詭譎多變的未來，以及熾熱的全球化競爭，我們每一個人隨時都是挑戰者和反應者，必須勇於面對『挑戰』，做出『反應』。」

我希望「追根究柢」的精神能落實成為ＥＲＳＯ（工研院電子所）的文

化，研究要踏實，對於各基礎現象就必須「追根究柢」，不能抱持在實驗室工作的心態，一萬次實驗之中有一次成功就趕快展示出來，而是徹底掌握關鍵核心，追求百分之百的技術穩定及成熟度。

許多管理大師或管理書籍都說公司最重要的成功因素是「Do right things and Do things right」。我們已經在「做對的事情」了，接下來就是要「把事情做對」，而不是「去做就對」。

為了讓執行流程又快又準，「嚴謹有效」的做事態度是必要的，也許，以前我們深陷於「快速反應」的習慣，許多時候變成「只問結果，不看過程」，但是我覺得「過程」與「結果」一樣重要；因為，結果往往是一時的，但過程中所受的訓練和挫折，往往卻讓我們一生受用不盡。

在半導體領域中，「設計方法論」（Design Methodology）是一門非常重要的學問，因為所有製程環節高度相扣，沒有好的方法，生產率就不可能提高。我期待電子所同仁在工作上應當具有高度敏感性，因為我們面對的是市值上億的產業，若有一點點疏忽，往往會造成一發不可收拾的結果。

我在大學、研究所念的是工程教育，沒有接受過任何的專業管理訓練。但是，從小在農家長大的我看著同一區域的農田，種植同樣的作物，取自同樣的水源，有的稻穗長得非常飽滿，季季豐收，有的田地卻連稻苗都參差不齊，深知在管理的過程中，執行力的重要。

我時常提醒同仁：「完美盡在細節中，但完美絕非只有細節。」

在所務會議中，我也特別向各主管們強調，許多同仁未來都會成為產業的中堅分子，就算我們在技術上不見得能立即成功，但至少必須訓練同仁成為工作執行上的完美主義者。

裁撤部門

在盤點部門績效時，我發現有個「微機電」的部門一年虧損幾千萬，績效不佳，原因是投入龐大的資源，建置各種微機電元件的生產設備，但因為只能為單一元件功能而設，缺乏整體效果，雖然開發出不少新的元件技術，效益卻有限。

顯而易見，原先的策略必須要調整。我們在進行產業情報分析、專家訪談、技術研討時已大略了解問題所在，主管們都心知肚明，最好的做法是將現有大多數計畫停掉，將設備開放給廠商進駐使用。不同廠商原本就有各自不同的應用和製作方法，個別式機台正好可發揮功能。

比較大的困難是停掉計畫，這個部門面臨了需要裁撤員工或至少縮編的命運。人的問題永遠是管理上最困難的事，需要多些時間思量。

於是，我利用電子所到天籟會館舉辦兩天一夜的策略規劃會議的時候，在第一天晚上，刻意約了「微機電」部門組長一起泡湯，聽聽他的想法。最後，我問他：「如果你是所長，你會做怎樣的決定？該如何進行？」顯然，他也是個很不錯的主管，了解目前所面臨的困境，當晚就提出了裁撤部門的計畫。

如前所述，我們一直在觀察三星的成功模式，經內部討論之後，決定導入三星公司的「選擇與聚焦」（Select and Focus）做法，將「微機電」部門聚焦在設計和服務的策略上。

做法上，我讓主管及同仁們共同參與，一起研商。接下來，七十個研究人員之中，有些人轉調其他部門，有些則轉為外包人員；此外，我們也開放實驗室給產業界使用。到了第二年，這個部門不但轉虧為盈，而且服務了更多業界廠商，是相當成功的轉型案例。

引導績效不佳的團隊「自我了斷」，不僅沒有造成抗爭，反而大家都心甘情願的配合，共同努力轉彎，對我來說是很難得的經驗。每個人都有遭遇困難的時候，面對困難時常常會發現，想像中的困難才是真正的障礙所在，如果能把它當成改變的契機，問題總會迎刃而解。

日本戰國時代英雄織田信長是我很佩服的人物。織田信長擁有想要一統天下的野心，以及廣闊的視野，因此他無視反對者的意見，而將眼光聚焦在未來的目標，帶領著願意跟隨他的勇士們，一馬當先地衝鋒陷陣。同樣的，遇到管理上的瓶頸時，我們應該思考的是如何掌握機會，做出正確的選擇。

我相信只要讓所有同仁清楚地知道我們想要衝刺的方向，大多數人其實是願意跟隨的，所謂「眾志成城」就是這個道理吧。

找回ERSO之魂

從小，我就喜愛音樂，也很佩服音樂家卓越的創造力。在我擔任工研院電子所所長的兩年中，分別邀請了朱宗慶打擊樂團、長榮交響樂團南下新竹，舉辦全所的音樂演奏會。

當時我特別請同仁帶著親屬一起參加，大家都非常享受這個難得的音樂盛會。在長榮樂團的演奏會中，我特別指定演奏貝多芬膾炙人口的第五號交響曲《命運交響曲》，這是一首我非常喜愛的曲子，它強烈地傳達了貝多芬「衝破黑暗、迎向光明」的創作精神。

貝多芬創作這首曲子時，年方三十四歲，而電子所主力的工程師們年紀也大多三十出頭。大家都知道，當時貝多芬所處環境的艱苦，但他憑著一股勇於追求夢想的熱情，突破了各種困境。我期待藉由音樂演出的潛移默化，也能激發同仁追求夢想、勇於突破的熱情，並且成為工研院電子所的文化。

ＥＲＳＯ，是工研院電子所的簡稱，全名是Electronics Research and Service Organization，第一任中心主任是康寶煌先生，後來胡定華接任為第一任所長，ＥＲＳＯ之名就是胡所長定的，他領導ＩＣ積體電路工廠的技術轉移，功勞甚大。ＥＲＳＯ成立之初，台灣科技教父李國鼎先生幾乎三不五時就來視察ＩＣ計畫的進度，當時的行政院長孫運璿先生也屢次參訪，關心電子所的半導體計畫。曾繁城、史欽泰、楊丁元、曹興誠、蔡明介、章青駒、宣明智、邢智田、劉英達、黃顯雄、邱羅火、陳錦溏等人當時都是ＥＲＳＯ的主力成員。

從一九八〇年起，由於ＥＲＳＯ陸續技術移轉成立聯電、台積電等公司，帶起台灣高科技旋風，在全球半導體界，可說舉世聞名。所有曾在電子所服務過的人，都以擁有「ERSO魂」自豪。

雖然不少留在ERSO的同仁仍有強烈的使命感，以及拚戰到底的決心，但慢慢的，有些同仁心態有了轉變，只是將它當成一份餬口的工作而已。

因此，我在給同仁的信中語重心長地提到，如果要的只是薪水、紅利，那麼，大家到業界去工作，不是賺得更多？為何這麼多優秀的同仁要留在ERSO打拚？其中重要的差別在於帶動產業的「使命感」和「成就感」。

ERSO是一個研發單位，我們的價值是在於開創新的科技，促進產業和人類生活文明的發展，這是個沒有其他單位可以替代的神聖使命！

在學校，可以用論文、著作發表數來衡量價值；在業界，可以用產值、獲利來論斷，在工研院這種研究機構，我們成敗的指標是什麼呢？

我們產出的專利、技術，廠商願意加倍投入並將之轉為有獲利的產品，這就是我們的產業效益。廠商因為我們的技術，變得更有競爭力，擴大其產業主導性，創造更大產值及獲利，這才是我們的成就所在。

我們應該看重的是帶動產業效益的價值，而不是營收的數值。這種對社會的成就感是無可替代的驕傲，所以，我鼓勵同仁們，要以「科技志工」自居，以推動台灣科技生生不息地走下去為己任。

二〇〇六年，我離開工研院，回到台大。回顧過去帶領工研院電子所團隊衝鋒陷陣的歷程，將許多不可能化為可能，就像是完成了一項艱鉅的任務，在所有同仁的齊心協力之下，我們打了一場美好的勝仗，也讓我更有信心去迎接下一個階段的挑戰！

指揮跨領域團隊

我始終認為，「管理沒有公式，也沒有所謂厲害的技巧」。管理的重點在於，尊重每個人的獨特性，並且維持團隊的熱情、動力。

二〇一二年，因為國科會主委朱敬一先生的力邀，我受命接任國家實驗研究院第四任院長，掌管旗下十一個國家級實驗室、大約兩千名員工，以及政府每年六十億的預算。

國家實驗研究院在二〇〇三年成立，當時是為了統合國科會轄下多個國家級實驗單位而設立。成立之時，雖然適逢網路泡沫化不久，但台灣整體經濟仍處於快速成長的時期，政府大力投入科技研發，並以提高研發經費至國民生產總額的百分之三為目標。因此，各個研究單位經費都相當充足，建置了完善的國家級實驗設備。

一般民眾比較熟知的國研院業務，包括太空中心發射升空的「福衛二號太空衛星」，每天繞地球十四圈，協助提供衛星空照圖，供相關研究機構使用。「福衛三號太空衛星」，共有六顆微衛星，組成全球綿密的太空氣候資訊網，被譽為全世界最精準的太空溫度計。高速電腦中心建置學術網路，提供所有研究人員連上網路的基礎建設。還有，當初我參與創立的晶片設計中心，提供國內學術界最前瞻的晶片設計服務。動物中心則是提供研究者必要的實驗品—實驗鼠。

我上任時，國研院正要邁入第十個年頭，此時，台灣經濟環境正面臨了挑戰，產業界的整體產值及獲利也因新興國家的競爭而逐漸降低，不少產業逐漸式微、甚至消失。社會上，則彌漫著「學用落差」的氛圍，業界找不到合適的人才，剛踏出校門的畢業生也不容易找到好工作；這十年來，台灣的平均薪資不僅沒有提高，甚至於微幅下降，而大學畢業生更面臨了只有22K薪資的窘境。

這些社會問題，也許與國研院沒有直接的關係，但國家實驗室擔負未來科技人才養成訓練的責任，經營策略當然會隨著社會的未來需求而有所因應。

我剛接任院長時，國研院所屬的十一個國家實驗室各自在專業領域內發展，彼此缺乏橫向的交流。如何帶領平時沒有太多交集的跨領域團隊共同合作，肩負起更多社會責任，邁向更遠大的願景，是我在國研院最大的挑戰。

十一個國家實驗室中，除了我所熟悉的半導體領域，院內還有國家災害防救科技中心、國家地震工程研究中心、國家實驗動物中心、國家太空中心、台灣海洋科技研究中心、台灣颱風洪水研究中心……每個中心有其專業，當然也有其原訂目標，似乎沒有甚麼交集。但是，若從社會需求的角度來看，跨領域整合顯然是必須的，大眾對國家實驗室的高度期待，並不因技術種類而有不同。

套句《看見台灣》影片中，吳念真先生的旁白：「我們看不到問題，也許只是因為我們站得不夠高。」國研院各中心看不到跨領域的必要，看不到共同的目標，也許只是因為我們站得不夠高，看不到社會大眾對我們的期待。

因此，我想到應該要讓團隊清楚瞭解到，做為國家級實驗室應該展現的氣度。當提升了目標的高度，大家就會很清楚地知道，該往哪個方向前進奮鬥。

此時，我想起金庸小說中說的「中原有大片江山，何苦在邊陲纏鬥？」

就像俗稱的「天花板障礙」，大家心中都存在著一個看不見的天花板，所以只在天花板下的角落奮戰，殊不知，社會對我們有更多的期待。許多學術研究者期待國家實驗室以國家資源整合的力量，帶動產業研發出對國家更有價值的成果，培養出更多有用的優秀人才。只要能將大家心中的天花板掀開，讓陽光照亮每一個角落，必可讓他們發現，原來還有另一個值得追求的目標，並且體會到哪些東西是真正值得堅持的？哪些東西是早該放下的？

回想以往管理團隊的經驗，特別是在工研院電子所的經驗，我當時有個深刻體認：當大家有了一致的方向和目標後，團隊的管理反而相對地簡化。因此，作為一位統管全局的院長，就像樂團的指揮一樣，必須統合大家的步調，讓大家協同發展，整個團隊就可以發揮該有的力量。

就在這個時候，我正好看到一篇關於台達電創辦人鄭崇華董事長的報導，有人問他，如何做一個好的經營者？

他回答：「好的董事長只要管大事和小事。」大事是大方向和大策略，小事是執行的細節，但可以見微知著。

這句話對我來說，有如當頭棒喝！我把它解讀為大事是方向、小事是基本功。一個好的領導者只要確定現在帶領大家走的方向是對的，團隊成員的基本功夫有訓練到位，就可以適時放手，讓團隊去盡情發揮。同一時間，我也閱讀了知名企管顧問，也是軍事專家的史蒂芬・邦吉的著作《不服從的領導學》，書中揭露了普魯士軍隊強大的秘訣。我把這本書分送給所有主管，幫助他們從中了解更多管理的訣竅。

不服從的領導學

在德軍統帥毛奇將軍的領導觀念裡：「在戰場上，聰明比聽話更重要！」

從普魯士軍隊「不服從的領導學」中，有幾個打造成功團隊的方法：定出策略階梯、向員工說明清楚意圖、讓員工願意自主做決定，這些方法很值得參考學習。

國研院有上千位經過博碩士訓練的優秀人才，我相信只要讓大家了解，我們的「願景目標」是什麼，然後正確地引導他們前進的方向，優秀的員工自然會產生自主的行動。

策略規劃會議

從帶領工研院電子所開始，我固定召開策略規劃會議。我認為，策略規劃會議是一個非常重要的凝聚共識的做法。不管是召開近程或遠程策略規劃會議時，所有成員都要盡情表達自己的意見和想法，透過充分討論，找出團隊共同的願景，這樣的願景才會是大家願意共同努力去達成的目標。

國家實驗研究院有其階層式的組織架構，因此，很適合採行分層級策略規劃會議。

舉例來說，今天召集一級主管共同參與策略規劃會議，那是一個百人的大團隊，但是每位主管背後又是近百人團隊，必須將其他人的意見彙整提出。此外，我也要求團隊儘量去外部收集資訊，徹底瞭解自己熟悉的專業領域目前有什麼趨勢，徵詢一些專家學者的意見。這樣的前置工作雖然耗時又費力，卻能夠讓會議的影響力擴大。

一個人悶著頭想事情，一定會有所侷限，十個人一起發想，結果就是多元化的；而且，當有比較多的選擇時，從中挑選出方向就容易多了。

專案管理中有句格言：「fail to plan is plan to fail」，既然要做策略討論，就要充分的做好準備，事前宣導，努力收集資訊，避免在會議上天馬行空的漫談。

很多主管在開會時，往往只是交代下屬去執行，而不說明為什麼要這樣做。我希望主管們在進行策略規劃會議時，同時進行腦力激盪，一起思考哪些事情是重要的，應該要花多一點資源在上面。

來自組織內不同單位的人，有各自的成長背景和專業，看到的東西也不一樣。當他們知道「為何而戰」時，也會促使每個人願意投入更多的心力，找出最佳的解決方案。

為了彙整更多意見，我們曾經邀請督導單位國科會牟中原副主委、企劃處王永壯處長一起參加策略規劃會議，也邀請了學術界代表共同參與討論。結果會議非常成功，在大家踴躍發言、集思廣益下，很快就規劃出：以「追求全球頂尖、開創在地價值」（Global Excellence, Local Impact）為願景，「承諾、熱情、創新」為核心價值，並且以「創新科技、守護台灣」為國研院的使命。

此外，我們也根據國研院的英文名National Research Lab.規劃了全新的企業識別（CIS，Corporate Identity System）——NARLabs，字體的金色、紅色反映了承諾如金、熱情如火的國研精神。這個標誌也宣示了所有國研人共同經營品牌的決心，我發現同仁們在活動中都會主動穿上印有logo的T恤，表現了高度的認同感。

行動力會議

「完美盡在細節中」是大家耳熟能詳的一句話，但我認然真正的完美絕非只有細節，大方向更必須是正確的。

在管理學上有個名詞「PDCA」（Plan-Do-Check-Act），計畫開始執行後需要不停地回頭檢視方向和做法，隨時進行調整修正，才到達到完美的境地。

當策略規劃會議凝聚了共同的目標之後，就要召開「行動力會議」，目的在檢視計畫的周延性。

要讓團隊發揮最大的行動力，就是每個團隊成員都對任務產生認同感。因此行動力會議中，非常重要的事情就是請每位成員發言，讓他表達自己對於達成目標的建議。

沒有機會發表意見的人，常常對整體目標缺乏認同感，認為都是別人做的決定，與自己無關，結果大大削弱了團隊的士氣與力量。召開「行動力會議」時，每個人都有機會說明自己的看法，最終的方案就會成為每個人都認同的目標。

許多主管為了求快，直接下達命令，這是很糟糕的做法，往往會面臨「欲速則不達」的反效果。

《不服從的領導學》書中提到的「反向簡報」（Back Briefing），十分值得學習。它的意思是說，上級交代工作後，最好讓下屬簡述一遍行動方案的內容，避免任何可能的誤解。尤其在一個龐大的組織裡，成員分散各處，常要即時處理面對各種問題，很像戰場上的士兵，面對敵人時要能立刻展開行動；這時候，員工是否清楚公司的策略和目標，絕對是影響重大的關鍵。

在管理國研院期間，我每週固定寫一封信給所有同仁，就是受到這本書的影響，我覺得身為院長，有必要將所有策略和目標，讓每位同仁都清清楚楚地了解。

在我離開國研院時，與同仁們共同檢視了過去所完成的工作，發現我們在每一個策略的里程當中，都扎實地留下了滿滿的豐碩成果。這絕大多數是由同仁自動自發，依循願景目標所走過的軌跡，為此，我們特別將這些成果編撰成《銳變中的國研院》一書，希望這樣的精神能長存於國研院同仁的心中。

換位思考

我在經營團隊時，經常會留意團隊當中，是不是聚集了各種不同特質的人。

團隊成員共事久了，多少會出現想法接近的情況產生，因此，如何引導大家從不同的角度思考，是很重要的。

國外有句名言：「Put your feet on customer's shoes.」（把你的腳放在客戶鞋子上，引伸為站在他人的角度看事情），是我常對工作團隊說的話；「角色扮演」也是我在訓練團隊思考時經常使用的方法。

有一回，大夥正如火如荼地準備年度計畫書時，我發現，大家的討論似乎著重於經費使用者的角色，忽略了這些經費的提供者，也許有其他面向的期待。國研院是隸屬於國科會（現為「科技部」）的組織，必須面對各界的審查，我在事前準備的會議上，特別請同仁分別扮演立法委員、國科會長官、院內長官、專家學者、一般民眾，以及媒體記者等角色，實際模擬他們可能會提出的問題。

當同仁們從原本的研究員身分，轉換到不同的位置，這才發現，從另一種角度來看事情，非常不一樣，刺激大家用更多元化的角度去思考。

每當遇到問題時，從不同立場來看待、解決問題，結果也會不一樣。國研院的成員來自十一個不同專業領域，這樣的換位思考，效果也更為顯著。

鼓勵良性競爭

身為主管要有憂患意識，團隊經過一段時間的經營運作後，很容易陷入疲乏、自我滿足的狀態，所以要用一些方式來提升團隊的士氣。

通常我會讓團隊成員知道，世界的運轉是永不停歇的，讓他們感受到外部競爭環境的壓力，刺激團隊有所突破、成長。

我在內部的激勵策略，是將團隊分成幾個小組，鼓勵他們彼此良性競爭，並且給予表現好的小組一些適當的獎勵，刺激落後的團隊跟上。另外，我也設計了一些稽核、督導制度來評估團隊的表現，儘可能做到賞罰分明。

獎勵能夠幫助團隊凝聚力量，所以，通常只要團隊有一點點好的成績，我都會適時地給予獎賞，對於士氣的提升很有幫助。

此外，維持和諧的氣氛絕對是經營團隊的重點。

我在帶領國研院與工研院電子所時曾公開表示，希望營造一個讓員工每天起床後都很想來上班的工作環境。

當然，主事者的熱情也很重要，當你全神貫注地投入一件事時，眼神散發出來的光芒，往往能夠吸引更多人一起熱情參與。

雖然團隊中或多或少都會有些不合群的現象，但我認為多數原因跟領導者有關，這就好像一個樂團演奏得亂七八糟，指揮要負絕大部分的責任。一個好的指揮，到了哪個樂團都可以指揮得動。

沒有人喜歡當個不合群的人，每個人都想要成為成功團隊的一分子，都希望自己的表現受到肯定。所以，如果成員不合群，背後必定有原因，領導者要積極地找出原因，對症下藥。

我始終認為，管理沒有公式，也沒有所謂厲害的技巧，管理的重點在於，尊重每個人的獨特性，並且維持團隊的熱情、動力。從帶領台大電子所、工研院電子所，一路到國研院，我秉持著這樣的信念，身體力行。

團隊的維繫除了一些聯誼性活動，我覺得建立一些讓同仁理念交流的文字平台也很重要。我在工研院時，正逢電子所努力以嶄新技術重新出發，因此我們集合技術團隊之力，創造一個技術論述平台，出版《電子先鋒》月刊，鼓勵研發同仁發表優異的研究成果。在國研院時期，正值各中心人員破冰交流活絡之際，我們從各地徵召擅長文字編輯及創意撰稿的同仁，創立了《國研人》雙月刊，作為近兩千位散居全國各中心的同仁們感情、工作、同仁動態之交流平台。感謝諸多優秀同仁之協助，這兩項創新，都充分發揮凝聚同仁感情的功能。

還記得在我離開工研院電子所時，幾百位同仁親手寫卡片送給我，滿滿的卡片懸吊在歡送會的氣球上，相當令人感動。我在國研院雖僅有短短十六個月，就被徵召回台大擔任學術副校長，二〇一三年九月，當我離開國研院時，主任們舉辦了一場歡送音樂會，並帶來分散在各地的一千多位同仁們親手製作的紀念冊、卡片送給我，那是一個令我終生難忘的時刻。

Tips

- 選定題材，確認大家有了共同的願景和目標，就好像農夫選定了種稻米，把秧苗都插在田裡，並無法保證稻子就一定生長得好，或是能夠有好的收成，勤奮的巡田是很重要的工作。
- 「過程」與「結果」一樣重要；因為，結果往往是一時的，但過程中所受的訓練和挫折，往往卻讓我們一生受用不盡。
- 一個好的領導者只要確定現在帶領大家走的方向是對的，團隊成員的基本功夫有訓練到位，就可以適時放手，讓團隊去盡情發揮。
- 真正的完美絕非只有細節，大方向更必須是正確的。
- 一個人悶著頭想事情，一定會有所侷限，十個人一起發想，結果就是多元化的；而且，當有比較多的選擇時，從中挑選出方向就容易多了。

● 不要處處和別人比較、一爭長短，而是想辦法提升自己的競爭力。

● 專案管理中有句格言：「fail to plan is plan to fail」，既然要做策略討論，就要充分的做好準備，事前宣導，努力收集資訊，避免在會議上天馬行空的漫談。

● 要讓團隊發揮最大的行動力，就是每個團隊成員都對任務產生認同感。因此行動力會議中，非常重要的事情就是請每位成員發言，讓他表達自己對於達成目標的建議。

● 我會讓團隊成員知道，世界的運轉是永不停歇的，讓他們感受到外部競爭環境的壓力，刺激團隊有所突破、成長。

第五章

創新、新創，讓世界變得不一樣

台大教我的一門新創課

一個好的想法，不應該只是寫成一紙學術論文，而要能發展成具體有用的產品，才能發揮出最大價值。

一九八三年，我在成大攻讀博士班期間，觀察到整體產業環境的變化，即將從ＩＣ（半導體電路）製造，轉向成為ＩＣ設計的主流趨勢。這一年，教育部在台大開授了ＩＣ設計相關的暑期學分課程，這正是我亟需了解的領域，因此我特地從台南北上報名聽課。

當時的ＩＣ設計課程，邀請了多位在科技界的成功人士擔任講師，其中一位是旅美的黃炎松博士，他受邀回台進行兩週的授課，也把創業的概念帶到課堂上，令我受益匪淺。

黃炎松博士是在美國矽谷相當成功的華人創業家，有「ＥＤＡ教父」的美譽。他專攻半導體電子設計自動化（Electronic Design Automation, EDA）的設計，創辦了益華電腦（ＥＣＡＤ），曾在美國那斯達克掛牌上市，後來與一家軟體工具公司合併為益華科技（Cadence），將研究的成果開發成符合市場需求的ＩＣ設計軟體，創下非常傲人的業績。目前全世界有三大半導體ＩＣ設計軟體公司，黃博士成立的Cadence就是其中一家。

在台大的ＩＣ設計課程中，黃炎松博士傳授了非常實用的「layout & verification」，也就是ＩＣ的「布局」與「驗證」，以及如何將想法、解決方案轉換成可用、有市場價值的產品。

什麼是ＩＣ的「布局」呢？簡單的說，就是將電路裡的各個零組件放好位置，使電路看起來面積最小，零組件之間的連線最少、最短。聽起來很簡單，但當零組件有百萬個、千萬個，甚至幾十億個，這項工程就不簡單了。

零組件一多，連線加上去，就變成立體的空間連結，我們都戲稱是在設計「電子城市」，因為有些連線需要拉到空中才能跨過，有些連線則需要挖地道，才能有效率的連接在一起，複雜一點的地道還要挖好幾層才行。

以現在大家常用的手機電路為例，零組件數目超過十億，地道也已超過十層。所以，電路布局的設計圖，稱之為「Artwork」，意思是它就像畫家將各種顏色層層疊上後的立體畫布，是種工藝的設計。

電路布局做好後，設計師為了確保這些零組件都在正確位置，以及每一條連結線都正確相連，並且將來能順利生產出符合顧客要求的電路，就需要過程複雜又扎實的「驗證」工作：先用電腦協助檢查每一個零組件，以及每一個連接線，加上製造時的變異可能性，一一檢視未來製造出來的元件，是否保有原來的功能？有沒有符合使用者的需求？

IC半導體的特質是「數量很大」，動輒上百萬、上千萬個零件和線路，如果只是把零件放上去並不困難，但是要「設計」出這麼多元素可以同時「連動」，發揮功能，就需要事前、事後非常精密的計算機輔助設計流程。因為電路的數量很大，IC的布局及驗證都需要用到很多數學理論，那時許多人發表了很多具有理論基礎的論文。

以往在台灣，許多攻讀高等教育學位的人，容易陷在鑽研理論的學術象牙塔之中，不太在乎「實用性」，即使有很好的點子，往往也因為和市場脫節，無法實際應用在現實生活中。但是黃炎松博士以他親身的經驗告訴我們：一個好的想法，不應該只是寫成一紙學術論文，而要能發展成具體有用的產品，才能發揮出最大價值。

從黃炎松博士身上，我更學習到：「好的創意、觀念，可以新創一家公司，並且帶來可觀的利潤。」他以實際的產業發展需求作為出發點，產生了很多可行的想法和有用的工具，帶領許多ＩＣ產業的設計師，成為這個領域的佼佼者，並且帶動ＩＣ設計產業起飛。

除了強調全新的ＩＣ設計概念外，他也鼓勵團隊合作。在課堂上，他將學員們分成幾個小組，要求我們做課間討論，並選擇一個實際問題作為期末專題，課程結束前，每一個團隊都必須上台做報告。

當時，我率領一個六人團隊進行專題研究，簡報結束後，黃博士很驚訝於我們團隊的表現，因為我們不只很快就吸收到課程的精髓，並且提出具體可行的想法。

於是，黃博士鼓勵我們和他一起到美國，開創另一番事業。團隊中有幾位學弟妹受到他的熱情感召，在取得碩士學位後，便跟隨他赴美，創下在台灣就讀碩士班，畢業後立即被美國公司聘用的先例。後來，有幾位受到矽谷文化的影響，也陸續自行創業，曾經是國內最大的電腦輔助電路設計軟體公司「思源科技」的創辦人呂茂田先生，就是其中之一。這批優秀的學弟妹們都算是國內ＩＣ科技產業界的先鋒部隊。

一九八六年，我順利從博士班畢業，畢業後，立刻前往美國，拜訪黃炎松博士的公司。在當地，我感受到一股強烈的新創氛圍，一度有自己成立公司的念頭，但仔細評估了當時台灣的環境後，覺得做ＩＣ設計似乎還太早，因此暫時放下了創業的想法。

隔年，台積電成立；不久之後，台灣也陸續有相關的ＩＣ設計公司誕生。尤其台積電和聯電成立二、三十年來，培育了許多高科技產業的人才，對於台灣的經濟發展，有功不可沒的貢獻。

創立晶片設計服務實驗室

與其抱怨設備和資源的不足，不如設法去改變身處的環境。其實不必擔心自己的點子不夠成熟，只要方案可行，相信其他有經驗、有能力的人自然會陸續伸出援手。

一九八八年我剛到台大任教時，國內還沒有多少教授做過積體電路設計，那時只有台大、成大、清大、交大的幾位教授，由國科會選派至美國接受短期積體電路設計訓練後回來指導學生，包括我的博士班指導教授李肇嚴教授、王駿發教授都是。

可是，國立大學的實驗設備還相當不完備，無法完成完整的積體電路設計流程。當時，這四所學校的幾位老師會定期聚在一起開會討論，如何提升ＩＣ設計的研發能力，但無法想出有效的對策來解決環境面的問題。正好那一年，台大李嗣涔教授擔任「國科會微電子學門」召集人，正協助規劃推動國科會的電子相關研究。

有一次，我們在系館走廊相遇，他問我：「陳教授，國科會有些經費，想為前瞻研究做點有意義的事，你有沒有好的點子？」

我在攻讀博士學位的過程中受過完整的ＩＣ設計訓練，深知問題核心所在，就大膽地提出了「電路設計服務」的構想。

積體電路設計的基本環節包括：設計、製造、驗證。有人曾比喻ＩＣ設計就像是做披薩，要先設想披薩的種類，然後揉麵糰、加佐料、放進爐子裡烘烤，最後拿出來驗證好不好吃。差別是電路的種類有千萬種，用來烤電路晶片的爐子要到一千多度高溫，而且要分好幾次烤，每次需要數小時到幾十個小時，驗證時則必須用特殊設備測量。

電路設計非常複雜，包括畫電路圖、電路模擬、布局圖、Ｐ＆Ｒ（電路擺放及連線）、電路萃取等，每個階段都要使用一套計算機輔助設計工具，每套要價數萬美金，一次就要用上數套之多。

而製造生產晶片更是一大挑戰，當時製作一顆電路晶片就要幾十萬，甚至百萬台幣之譜。若同時有幾個研究計畫都要做成晶片，加起來可是天文數字。

顯然，國內大學各自單打獨鬥，沒有辦法解決這個難題。如果能由國家提供一個ＩＣ設計、製作和驗證的環境，就可以服務所有的ＩＣ研究師生團隊。這也是我第一時間就提出「電路設計服務」的原因。

這個構想很快地獲得國科會的支持，接下來就是如何執行的問題。李嗣涔教授將這個計畫交給我，要求我研擬具體可行的做法。

當時，比較先進的美國已有設計服務的新做法，他們可以就近獲得一些新創公司的軟硬體設備支援。但是在台灣，這項整合的工作很辛苦，且需要特殊專業工具，難度相當高。我們必須要能有效的解決軟體工具的取得與整合問題，爭取硬體製造廠商的配合，以及購置驗證設備。

在軟體工具方面，我們當時想出一個很聰明的做法，先算出台、成、清、交四所大學加起來，總共大約需要多少工具，然後將四個學校的經費加總後，向美國的工具廠商談判，後續工具維護則由設計服務實驗室負責，這就像是現在流行的團購做法。

當時，這是個非常創新的想法，還驚動了美國工具廠商的總部派人前來了解實際情況；我也曾經受邀去美國總公司，與總裁當面做說明。

我向美方解釋，這純粹是為了做研究用，而不是從事商業行為。經過數次談判，他們終於同意這個做法，甚至後來還將這種做法推廣到歐盟。

電路設計工具的問題解決後，接著就要尋找廠商幫忙製造晶片，這部分難度更高。因為研究用的晶片只需要數片，並不需要大量生產，而且每一個設計都來自不同的教授團隊，光是設計過程的溝通就很花時間，一些晶片製造廠嫌麻煩，不肯接單。

那時台積電在晶片製造的領域已經小有名氣，因此我們主動找他們幫忙，但行銷人員認為我們只是做研究，沒有市場價值，不願意接我們的單。因此我特別找了成大電機系的學長，也是當時台積電廠長的曾繁城。

那天，我們利用中午用餐時間在員工餐廳碰面，我很誠懇地跟他說明了這項服務計畫對於國內人才培育的重要性，結果他很爽快地一口答應了！我非常感激他做了這項具有遠見的決定。一直到現在，台積電都對這個計畫惠予協助，讓國內眾多鑽研ＩＣ設計的師生們，辛苦研究的成果得以呈現出來。

國科會後來又協助購買了驗證儀器，這麼一來，設計、製造、驗證的整合服務都已齊備，多計畫晶片設計服務實驗室就正式開張了。

我當時還是三十出頭的年輕副教授，不敢獨當一面，因此邀請交通大學沈文仁教授一起分頭擔任台北和新竹兩地的負責人。後來清華大學林永隆教授也加入，這個團隊的陣容越來越強，並且將台灣的電路設計實力不斷地往上提升。

由於這個計畫做得非常成功，使用的教授人數也從當時的數名增加到今天的五、六百位，是國科會管轄下非常重要的國家實驗室（即「晶片系統設計中心」，簡稱ＣＩＣ），每年幫助業界訓練出將近兩、三千位電路設計工程師。

美國的工具廠商把台灣的模式帶到了歐洲，而日本、韓國以及中國大陸等國家，後來進入電路設計教育訓練時，也分別仿效台灣的模式，成立晶片設計服務中心。

我常用這個例子鼓勵年輕的朋友們，要勇於掌握機會，投入獻身服務的行列。一開始，其實不必擔心自己的點子不夠成熟，只要方案可行，並且提供大家實質的幫助，相信其他有經驗、有能力的人自然會陸續伸出援手。與其抱怨設備和資源的不足，不如設法去改變身處的環境。

掌握資源的人，和絕大多數人一樣，喜歡成為成功團隊的一分子；當他們發現有人努力想辦法解決難題，成功變得越來越有可能時，所有的支持力量就會源源不絕而來。

台大實驗室創業

對於學術界出身的我來說，第一次投入新創公司的成立，是跨入完全不同領域的學習。經營一家新創公司，只是擁有良好的創意、獨一無二的技術其實是不夠的！

二〇〇〇年，全球網路風潮崛起，全世界正經歷一場前所未有的「數位革命」。

也許是時機成熟，這一年即將畢業的幾位博碩士班學生們，在聽了我鼓吹創業的種種好處後，興起了共同創業的念頭。

於是，畢業前夕，我們幾位師生聚集在一起討論創業計畫，大家都躍躍欲試，加上有天使的資金挹注，很快地，就成立了「晶睿通訊股份有限公司」。

當時我們已經有技術授權給不少大公司的經驗，加上具有全世界最領先的數位影像壓縮技術和程式，因此決定以前瞻技術為基礎，走「技術授權」這條創業的道路。

我們想到的營運模式是以「收取權利金」的方式來經營這家公司。手上擁有研發能力的我們，單純地以為，只要把前瞻技術做得更好，就可以很快的進行技術移轉，讓廠商可以立即生產成產品。例如將影像編解碼程式準備好，當客戶的產品需要影像技術時，我們就將相關程式碼置入產品中，然後收取技術轉移費及未來的權利金。

但後來發現，這樣的策略似乎行不通！因為以我們在學校的經驗，每年得到廠商幾百萬元的權利金已經算是很不錯了，但經營一家研發為主的公司還必須支付研發、人事、管銷……等成本，即使坐領千萬授權金，公司還是處於虧損的狀態，根本沒辦法存活下去。

此時，我們才發現，經營一家新創公司，只是擁有良好的創意、獨一無二的技術其實是不夠的，真正獲利的方法，必須回歸到「實際的營收」，也就是說必須有能產生足夠營收的產品。因為產品的銷售金額比授權金高出太多，每年都能有持續性的收入，而且產品會帶動製造業整合進來，可以提升總體的經濟產值，創造出正向的「現金流」。

以往我專注於技術研發的層面，從來沒想過「現金流」的問題。第一次成立新創公司才發現它的重要性。

當想像中的核心技術授權，無法擴大營收時，大家都有些緊張，還好擔任董事長的陳文昌過去有些產業經驗，經過多次的調整方向後，找到了新的做法，開發出數位監控攝影機，讓公司得以穩健地經營下去。

這幾年，晶睿通訊抓住產品趨勢，陸續開發了不少重要核心的晶片技術，並完成一系列數位訊號處理的產品，像是MPEG-4、H.264影像壓縮、解壓縮軟體、網路影音伺服器、網路攝影機、遠端監控、數位錄影，以及多媒體通訊平台……等，以自有品牌行銷全球，在世界各地都有亮眼的銷售表現，公司也從原本草創時期的十幾個人，擴展到現在的六百多人，成長的速度相當快，是經濟部眼中的產業小巨人。

二〇一〇年，智利傳來了發生嚴重礦災的新聞，這起事件造成三十三名礦工受困，急需救援。由於礦坑深達六百多公尺，環境惡劣，外界難以得知礦坑內部的真實情況，救援行動遇到了瓶頸。

當時，智利找上了「晶睿通訊」的當地代理商，他們提供了一款名為FD8134的網路攝影機，這款HD百萬畫素、日夜兩用型迷你網路攝影機，除了擁有一般傳統CCTV監視器達不到的清晰畫質之外，還具有紅外光，可克服地底下的黑暗低照度環境，並可耐高溫至攝氏五十度。最重要的是它能夠直接透過網路傳送影像畫面，讓有關單位可以了解受困的礦工目前狀況，即時掌握救援情形。包括美國CNN、英國BBC等國際媒體的報導畫面，也都來自這個獨家研發的產品，頓時成為「台灣之光」。

從客戶的角度看事情

對於學術界出身的我來說，第一次投入新創公司的成立，是跨入完全不同領域的學習。由於新創公司通常都沒什麼資源，一開始，我們跟著合作廠商跑行程、訂預算，一邊做中學。

在這個過程中我慢慢了解到，以學術界的背景來想事情，有時候不免想得太天真，以為研發的技術一定能夠符合未來的趨勢，但卻忽略了從客戶的角度看事情有多麼重要！

如果單從技術面看事情，往往只看到對自己有利的一面，但對客戶來說，他永遠有很多可能的選擇，並不是非買我們的產品不可。

假設我們的東西不符合客戶的需求，沒有創造出讓客戶覺得物超所值的CP值（性價比，Cost Performance Value），他們大可選擇其他產品。

舉例來說，生產錄音筆的廠商，即使把語音的功能做到最好，可以讓收音無雜訊，是不是就可以保證賣得好呢？並不見得。因為以客戶的需求來說，錄音的工具有很多選擇，除了錄音筆，手機、mp3隨身碟也可以錄音，所以在從事研發工作時，還要考量到消費者的「使用情境」，把相關的競爭產品一併做比較，才能找出銷售獨特點。

迎接新創的時代

「這是最好的時代，也是最壞的時代。」

我希望號召更多的年輕人投入創業的行列，並且培養出更多有創業家精神的年輕人。

二〇一一年，我隨同國家型科技計畫考察團飛往中東的以色列訪問。以色列人口七百萬人，領土大約只有台灣的三分之一，但它們卻是全世界新創公司最密集的國家，平均不到兩千人就有一家新創企業，在美國那斯達克上市的新創公司數目比全歐加起來的總數還多，吸引全世界前二百大投資公司前來淘金，找尋商機。

大家可能玩過微軟的Xbox，它不須手拿遙控器，就可以跟電動遊戲中的人物互動，拳擊、下棋、打球……，靠的就是以色列一家名為Prime Sense的公司所發明的自動人物動作偵測器。而現在，已成為內視鏡診療方法之一的吞入式膠囊內視鏡，也是由以色列的Giving Image公司所研發出來的。在《新創企業之國：以色列經濟奇蹟的啟示》這本書中，就詳細介紹了以色列如何在烽火連綿的中東，創造出獨步全球的新創奇蹟。

我覺得以色列對科技研發的觀念，以及如何做出研究的槓桿價值，是非常值得我們學習的地方。參訪期間，我和團員們四處參觀了當地的新創公司、大學、政府機關，聆聽負責人簡報所開發的各式各樣產品。雖然我長期身處高科技產業的環境，但看到那些走在時代前端、擁有尖端技術的發明還是令我佩服不已！更令人羨慕的是，他們建立了國家整體的新創生態系統，真的是創業家的天堂！

以色列能有今天如此健全的創業環境，二〇一一年諾貝爾化學獎得主——謝茲曼（Daniel Shechtman）功不可沒。《金融時報》稱他為「引領以色列創業革命的先鋒」，他是化學獎得主，但卻在以色列科技大學開設「科技創業」課程達二十七年之久。他在得獎後的專訪中，多數時間談論的是推廣科技創業的重要性。

一個諾貝爾獎得主的大師在大學中教授的，不是自身的專業領域，而是創業課程，可見創業的精神早已深植當地民心。

回來之後，我告訴身邊的朋友，以色列是個蕞爾小國，卻擁有足以影響全世界的科技實力，我們也應該見賢思齊，從加強科技創業教育著手。

有一次，外交部請我接待三位來台訪問的丹麥國會議員。一開始我婉拒了這個邀約，但外交部說他們特別指名，希望能夠跟我談談創新教育。原來，這幾位貴賓是丹麥國會中「教育與創新委員會」的成員，想了解台灣的大學是如何推動創新的。

和他們對談之後，我才知道，丹麥早已將「創業家」相關課程排入當地中小學生的基礎教育。相較之下，台灣的學生，從小到大，幾乎不曾接觸到有關創業的訓練，創業家思維對他們而言是很遙遠的事情。而解決客戶真正需求的觀點，更是他們前所未有的經驗。

二〇一三年九月，我重返台大擔任學術副校長，其中一項重要的任務，就是推動新創的觀念和做法。在新創過程中，「人」扮演了最重要的部分，所以我一直積極推動國內學術研究及產業應用的結合，希望號召更多的年輕人投入創業的行列，並且培養出更多有創業家精神的年輕人。

因此，我在台大陸續創立了台大創新競賽、台大創新創業學程、台大創聯會，以及推動國科會「創新到創業激勵計畫」，這是國內的首次創舉，目前已有超過四百五十隊參與，盛況空前。

我非常鼓勵年輕人投入新創的領域，我覺得這是台灣目前非常欠缺的；我也經常和學生說：「最優秀的學生就應該去創業！」

台大每年有幾千名畢業生，我希望至少有一、兩百個學生願意投入新創的事業。如此一來，就能創造出上百個新興產業的工作機會。假設新創公司的點子夠好，事業就能持續擴大，可以造福的人群自然也就愈來愈多。

這幾年，我努力在校園中推廣新創的觀念，因此許多記者常常一碰面就問我：「陳教授，你為什麼這麼積極推動創新、鼓勵創業？」、「為什麼創業對年輕人來說很重要？」、「你的新創業概念從何而來？」……這一連串的大哉問，讓我一時之間不知如何回答。

若要簡單扼要的回答，新創是以新的概念來幫助別人解決問題，是一種「利他」的行動。我認為，鼓勵年輕人投入新創領域及創業，不僅能夠協助他們發揮個人所長，更能「利他」。

「助人為快樂之本」，沒有一件事比服務需要幫助的人，更能鼓舞心靈、刺激成長。

此外，當一項事業越做越大，就能創造更大的經濟價值，甚至改變整個社會。

英國大文豪狄更斯曾在以法國大革命作為背景的小說《雙城記》中說過一句膾炙人口的話：「這是最好的時代，也是最壞的時代。」

面對愈來愈嚴峻的就業環境，很多大學畢業生最擔心的就是出路的問題。在學校裡，我天天跟年輕人在一起，以我的觀察，台灣的年輕一代真的是活力十足、充滿創新的想法。如果這些年輕人走出校園後找不到可以盡情揮灑的舞台，是十分令人惋惜的。

倘若他們在學校中培養了創新的熱情和能力，畢業後就可以很快地跟社會接軌，甚至開創屬於自己的一番事業。

我在任職工研院電子所所長期間，輔導了幾個團隊創業，也幫助一些企業邁向新創成功之道，但是我認為比較好的改革方式，還是要回到校園，教育下一代，提供他們更多的「創業家」養分。我們必須要有人站出來，獻身於推動科技創業的教育，讓這一代的年輕人知道，新創的時代已經來臨！

創業先修班——「台大創意創業學程」

我引導學生一步步地往前走，
讓他們知道，去創業、成立一家公司並不是遙不可及的事。

二〇〇六年從工研院回到台大後，我首開先例，在電資學院開設了「高科技創業與營運」課程。二〇〇八年，我成立了「台大創意創業學程」，擔任台大創意創業學程主任，幫助還未踏出校園的年輕人，成為未來的創業家。

創意創業學程（簡稱創創學程）內容包括創意、行銷、設計、管理、智財等實用課程，我在做課程規劃的時候，參考了美國麻省理工學院、史丹佛大學的相關創意課程，這幾所世界一流的名校都有類似的課程運作，他們也會把矽谷的師資帶到課程當中。

我採用創意、開放的授課方式，而不是大家習以為常的「台上說、台下聽」方式進行，我要求修課的學生必須與其他跨科系的同學，組成一個五至六人的團隊，共同討論。

此外，我也將虛擬公司帶入課堂，每個同學都在其中擔任要職，有人擔任執行長、財務長，還有人是行銷主管、業務主管、行政人員……必須在工作崗位上各自扮演好自己的角色。換句話說，修這門課等於是在教導同學們如何實際經營一家公司。

每週我會根據課程，儘量運用生動有趣的題目，來激發、引導同學們的創意及執行力。有一次，我給每個團隊一個任務：以一百元當作投資金額，想辦法創造出最大的利潤。

一個禮拜之後，當大家再回到課堂上報告時，我發現有些團隊很厲害，可以把一百元變成六千多元，有些團隊則把一百元全都賠光了。

這些學生的點子無奇不有，有些人用一百元租了一台拍立得，然後跑到故宮，幫遊客拍照，每拍一張收取幾十元。有些遊客覺得可以馬上拿到紀念照不錯，因此掏出錢來，賺了幾百元。

那個禮拜正值台大的杜鵑花節，許多家長們會帶著准考生到台大校園參觀。有一個團隊，花了一百元影印很多張台大學生證，把上頭的名字塗掉，變成以准考生為名的學生證，祝福他們金榜題名，一舉考上台大。這個鎖定准考生為目標的策略大受歡迎，很多准考生跟家長看了很喜歡，紛紛掏出錢來購買。

另一個團隊則以「祈福水」為賣點，在一罐小小的瓶子裡裝進台大醉月湖的湖水，外頭再貼上台大的象徵圖案，同樣是賣給家長跟准考生，也有不錯的進帳。

經由這些課堂上的實作例子，可以發現，台大的學生們真的是很有創意。

在課堂上我經常鼓勵學生，不只是坐在教室、書桌前發想，也要走到客戶面前，真正地去了解：「客戶為什麼要把錢給你？」

我強調要從客戶的角度、心態去想事情，並且從不同的角度，去發現客戶的需求。例如你是一家公司的技術長，就要深入去了解一項產品推出的技術，是不是真的符合市場需求；如果不夠的話，要設法讓它更成熟，提升公司的競爭力。

此外，培養說故事的行銷力很重要。

請你設想一下：現在自己正準備新創一項事業，需要一個提供資金的夥伴。有一天當你獨自搭乘電梯時，走進了一位相關產業的董事長，面對這個千載難逢的機會，請問你如何在短短九十秒內向他簡報，使他願意加入或幫助你的團隊？

在有限的時間裡，想要說服對方、獲得對方的認同，並不是一件容易的事。

我認為，說故事是最能夠打動人心的方法。

講故事的重點，必須掌握「利他」的原則，並且強調「使用我的產品或服務，會有什麼好處？」

俗話說：「機會是留給準備好的人」，我非常建議大家，要常常練習「說故事」。

每個人從還是小孩子的時候就喜歡聽故事，因此只要透過不斷的練習，就可以加強這項能力。

倘若一次不行，那麼，就再來一次！持續練習一、二十次以上，腦中的邏輯就會愈來愈清晰，表達能力也會愈來愈好。

即便是個性內向、害羞的人，我相信經過反覆練習，也有可能成為說故事高手。而且，這樣做有個好處，可以反覆檢視團隊的創意是否可行？有沒有達到客戶的需求？

除了授課外，我也定期邀請一些知名的創業家、成功的經營者，在課堂上分享自己創業的過程、曾經遭遇到的困境。像無名小站創辦人林弘全、Vpon行動廣告平台創辦人吳詣泓、群聯電子董事長潘健成、安吉斯媒體集團總監余治中、瑞軒科技董事長吳春發……都曾經應邀前來，講述自己的成功經驗。我希望藉由這些前輩的經驗談，激勵更多年輕學子投入新創的行列。

學期中，我會請各小組在課堂上做「創業Pitch」。所謂的「創業Pitch」，就是將創業的點子、產品的開發、營運的策略、服務客戶的模式……等等，針對投資人做報告。這是非常重要的訓練，可以讓團隊成員因為有了清楚的短期目標而凝聚共識。

由於是短期目標，只要努力就能夠達成，可以引導學生一步步地往前走，讓他們知道，去創業、成立一家公司並不是遙不可及的事。

當這些虛擬公司的產品規劃越來越清楚時，我會適時安排業師，扮演顧問的角色。這些擔任業師的朋友異口同聲地和我說，接觸到這些熱情的學生之後，不僅教學相長，也讓他們的心似乎又年輕有了活力起來。

另外，我會依照不同團隊的經營進度，安排一對一的對談。初期我會先盡量鼓勵大家跳脫思考的框架，經由腦力激盪，引導他們從各種角度觀察公司中大大小小的問題。通常問題越大，代表創業的機會、市場規模也越大。

隨著課程進展的速度，我也要求同學們閱讀指定課外書，並繳交心得報告，像是《創業的藝術》、《創新者的解答》、《從A到A＋》、《與成功有約》，結果，學生往往會發現，可以從這些參考書中找到與課程相呼應的管理知識。

學期結束後，我要求每家虛擬公司都要完成一份完整的營運報告。這時，我會邀請一些業界的創投專家共同參與，讓同學們有實際面對投資人的經驗。

早期我在台大教書時，很少有學生會回饋分享自己的心得，但開授「台大創意創業學程」之後，無論是學期間或學期終了，常常會收到學生的來信：

「陳老師，一直想要跟您說謝謝，這門課真的帶給我很大的動力，讓我每週都有期待的事情發生！」

「大一進台大的雄心壯志，早就被考試澆熄了！這學期，它們又通通回來了，而且是乘以無數倍的熱情。以前我很想做一番大事業改變世界，但不知道怎麼做，現在我知道了，只差堅持繼續做下去，然後一直努力下去！」

「我從這堂課中獲得了很多痛苦、快樂的經驗；原來，從事新創事業，人生這麼充實。」

「這門課真的給了我很多東西，不管是老師或是幾位創業者的演講，都帶給了我夢想的啟發。」

「在課堂中我學到關於創立一個公司所需要知道的知識和能力、以及自己真正去完成一份BP的過程……等等，都大大地開拓了我的視野，我看到了一個充滿挑戰、但是卻更值得嘗試的未來。而我也清楚地知道，經過這門課和Final present後，自己的能力有多麼不足，要努力和要學的東西還有很多。」

每次學期結束，接到同學們的熱烈迴響時，頓時覺得所有的辛苦和努力都有了回報！

說來慚愧，我在台大教授數位電路設計、積體電路設計、數位視訊處理、DSP架構設計……等專業課程將近二十五年，從來沒有得過台大的教學獎。但是，這堂課讓我連續幾年拿到台大的教學優良獎；從教學相長的過程中，自己也獲得了不少的成長與啟發。

此外，我也更堅信，只要適當的引導、激勵這些有熱情、創意奔放的年輕人，讓他們去發現問題，做更深度的思考，就可以成為一股社會上推動新創的力量。

經營團隊

一個聰明的人也許在工作上如魚得水，
但是若要做出一番偉大的新創事業，一定要有團隊的支持，更容易成功。

在安排「台大創意創業學程」的課程時，我會給予學生愈來愈高難度挑戰的題目，讓他們深入了解新創的細節，包括：創業發想、創業機會評估、創業實作分享、價值分析、營運模式規劃、價值鏈分析、行銷、募資與財務管理、ＩＰ管理、組織架構規劃、風險管理……等等。

我讓學生一步一步「玩真的」，如同在經營真正的公司一樣。但是在過程中，難免會碰到瓶頸，團員之間也一定會有互相爭執、意見不合的情況發生。

一個學期說長不長，但也有三個多月。為了把課程修完，在討論的過程中，同一小組的同學不能一拍兩散，一定要撐到學期結束才能得到成績，所以，大家都會想辦法解決問題，共同度過難關。

這樣的訓練，也真實反映了未來職場的生態。許多時候，在工作場合中，我們不能自由的選擇工作夥伴，也不見得喜歡組織裡所有的成員，但為了完成被交付的任務，就必須群策群力，發揮團隊的精神。

我曾經聽過有人這麼說，「台大人像椰子樹，每個人都只顧自己的成長，無法融入團體之中。」

那或許是因為學生進入大學前的各項關卡，都是強調個人的成績，並沒有太多團隊合作的經驗。

我始終相信，一個聰明的人也許在工作上如魚得水，但是若要做出一番偉大的新創事業，一定要有團隊的支持，更容易成功。而且，有些事情，一個人可能不敢做，若結合團隊一起行動，就能產生更大的力量。

在這堂課中，我讓學生們知道，經營團隊是成功的必要條件。

學期接近尾聲時，每一個團隊都要提出虛擬公司的營運計畫書，作為期末報告。由於強調團隊合作，因此在提案時，一旦出現個人秀、英雄主義的話，分數不見得會高，一定要想辦法帶動整個團隊的士氣才行。

和「異類」合作

「台大創意創業學程」的課程，不限系所，開放給台大全體同學，我會要求同學事先繳交自傳，以及寫下對於這門課的期待，再決定他們是否能夠選修這門課。

我一再強調，團隊才可以成就大事，因此依照同學的申請資料，將不同類型、科系的學生予以分組。

一個團隊最好是由具有技術、管理、行銷、業務……不同專長的人組成；同樣專業背景出身的人，學到的都是一樣的理論，講來講去往往是同一個領域的東西，很難激發出各種不同的創意點子。

我鼓勵大家在高中、大學時期，不妨多多參加社團活動，結交一些不同背景的「異質性」朋友，互相激發創意，拓展自己的視野。

社會上有許多成功的創業案例，都是由異質性的團隊成員組成的。我曾經多次帶領學生拜訪國內知名的「薰衣草森林」民宿創辦人詹慧君、林庭妃，這兩位創辦人原本素不相識，一位原本是銀行行員，想開咖啡廳，另一位是鋼琴老師，因緣際會下，透過農夫地主的撮合，決定共同創業。兩人的個性互補，經過創業過程的互動及磨合，成功地打造出「薰衣草森林」這個非常知名的品牌。

有些人認為，找認識的人或是好朋友共事，比較有默契。但是，「熟識」跟「共事」是不同的，當大家面臨困難、必須做決策時，又是完全不同的互動模式。

很多人成立新創公司時，會找好朋友一起創業，但很可能會遇到的問題是：朋友感情好，通常是因為沒有「生存的壓力」，一旦面臨壓力的時候，想法不見得會一致，這時候到底要聽誰的意見呢？很多時候，處理得不好，不但事業沒做成，甚至弄得朋友反目成仇。

透過課堂上的團隊訓練，我讓同學預先做好進入職場後，如何和不同的工作夥伴共事、組成堅強團隊的準備，這當中有很多的藝術。

「如何與他人溝通協調」是在工作上經常會遇到的問題。在一個團隊中，要整合許多人的意見，最後做出決策，需要一些「技巧」。

曾經有人問過我一個問題：「假設在一個團隊當中，有一個工作能力很強的高手，但脾氣很差，那麼，要不要用這個人呢？」

我認為，「人」是一家公司最大的資產，無法用一套固定的管理公式來解答。

如果一個人的專業能力很強，但個性難以相處，這時候就要依公司當前的發展情況來判斷。如果他的工作成果確實可以為公司帶來成長，那麼，不妨包容他的壞脾氣，讓他有機會成為可以共事的人才。

溝通力訓練

我曾經擔任台大電機系的副主任，協助系主任打點大大小小的行政事務，學生事務當然也是一項重點。因此，讓我有更多機會，近距離觀察學生的動態。

我發現，他們真的都是一群非常優秀的年輕人，理解力強，領悟力高，很快地就能吸收各種新知識；而且不少同學十八般武藝樣樣精通，有籃球、羽球、桌球……的運動高手，也有在音樂、藝文方面表現傑出的佼佼者，甚至連熱舞也難不倒他們，每年的電機之夜，都有讓大家驚豔的演出。

然而，在他們絢爛耀眼的光芒之下，我觀察到極少數的同學，與人溝通的能力相當不足，他們的生活態度也令人不敢領教！

有一次，我看到電機系館電梯門旁邊，有個同學一直站在那裡。剛開始，我以為他在等電梯或是等人，但是當我在系館忙進忙出了幾趟後，發現他仍然一動也不動的站在那邊，我心想一定事有蹊蹺，請系辦同仁幫忙處理。

後來，我得知這位學生與老師之間的溝通出了一些狀況，他不知如何應對處理才好，就「自我罰站」在那邊。

透過大家的努力，問題總算是順利解決了！但這件事情讓我耿耿於懷，一直記在心裡。

我覺得不管哪一個學生，能夠考進台大，尤其是第一志願的電機系，絕對是經過父母親辛辛苦苦的栽培。做父母的，一定非常期待自己的孩子將來出了社會，能夠有美好光明的前途。

但是，有些很會讀書的孩子，常常挫折容忍力不夠，也不知道如何與人溝通、相處，這是很令人感慨的。

有不少業界的朋友常說，他們對於台大畢業生真是又愛又怕。在他們眼中，台大畢業生確實非常聰明，專業能力一流，在公司裡是非常厲害的員工。但這些優秀的員工往往不太合群，缺乏團隊精神，而且挫折容忍力較差，在工作上稍微遇到一些不順心的事，或主管講他個一兩句，動不動就揚言辭職不幹了。

現在的孩子，大多從小就被捧在父母的手心，是備受家人呵護的寶貝；尤其書讀得好的孩子，很多人是從小到大都不需要做家事、也不懂得主動向他人打招呼、協助他人……等人情世故。他們的父母親只要求孩子專心念書就好，所以，這些名門高中、大學的學生，最拿手的就是讀書和考試，不善於處理人際關係。這其實不是他們的錯，而是家庭和社會環境造成的。

若因為一些個性上的缺失，造成這群優秀的學生們未來不能好好發揮所學，替社會做出貢獻，那真的是非常遺憾的事情；對於個人、家庭、社會來說，都是重大的損失！

因此，我在台大電機系積極推廣了一些和團隊經營、人際溝通、情緒表達有關的課程和活動。我也特別去拜訪一些名師和顧問公司，最後推出了「3Q達人營」。所謂3Q，就是EQ（Emotional Quotient, 情緒指數），AQ（Adversity Quotient, 逆境指數），以及MQ（Moral Quotient, 道德指數）。

在活動名稱規劃上，我刻意設計得活潑一些，例如：《『說』得精彩——談職場溝通的技巧》、《口語表達與簡報技巧》、《那些年，我們一起追求的創新》、《正面思考的力量》、《跳脫舊框架——談零至壹的產業創意技術》、《時間管理》、《秒殺企劃書的發想與撰寫技巧》、《成功管理的秘訣》、《團隊合作──與高績效有約》……等等。

擔任這些課程的顧問講師們，原本在業界就極具口碑，因此我靠平日和業界朋友建立的交情，以及募款作為經費，邀請他們一起共襄盛舉。

為了讓真正有需要的同學來參加「３Ｑ達人營」，我在系上廣為宣傳，並拜託同事們鼓勵同學參加。就這樣，我從二〇〇八年起，每年都為台大電機系同學舉辦了一系列課程，每次為期約兩、三個月，約有五十位同學參加營隊。

每一次活動結束，我都會親自察看同學參與的心得報告，和他們對於活動的建議，看到這些訓練的成果，讓我感到非常欣慰。

雖然每年要想辦法籌錢辦這個訓練營都頗有壓力，但只要一想到，有任何一位同學因為這類課程的幫助，脫胎換骨，學會團隊管理、人際溝通的方法，能夠快樂且有效率地發揮優異的專業能力，成為社會的棟樑，就覺得所有的付出都是值得的。

新創的條件

如果創業者能抱持著跟他人分享、一起把餅做大的「利他」觀念，許多原本不存在的資源，就會隨著時間逐漸匯集，一步步通往成功之路。

幾年前，我身兼教育部顧問，負責推動國內積體電路人才培育的教育改進計畫。為了配合這項產業的發展需求，我開始在台大推動高科技創業與營運課程，並經常在校園推動新創的概念。

有一回，教育部邀請我在一年一度的全國大學校長會議中，向國內一百五十多所大學的校長做演講，當天演講的重點之一是技術創新與創業，談到我如何在大學校園內推廣新創觀念的經驗。

目前，新創的風氣在國內大學校園中還不夠普及，其中一個重要原因是大學校長及老師沒有實際創業的經驗和創業家想法。

演講過後，有不少校長對「新創」感到好奇，他們問我：「成立一家新創公司有哪些必要條件呢？」

這其實是個簡單又複雜的題目，正如同神木也是從一顆種子開始，新創公司一開始確實是有幾個基本的必要條件。不過，新創事業會依據技術、市場、資金等條件而有不同要求，因而產生差異。

以我個人的觀察和經驗，成立新創公司，一定要有團隊。

團隊是新創最重要的元素，在團隊當中，每個人都有他的長處，有的人適合開發新產品，有的人善於觀察市場脈動，有的人適合提案、有的人財務分析一級棒、有人心思細膩，可以把執行步驟做得很扎實。

那麼，一個新創團隊應該要有多少人呢？我認為不一定。但最好要有以下幾項特質的人：(1)眼界夠高，能夠開發新產品；(2)善於觀察市場脈動；(3)能夠耐心地執行。

此外，一定要有個滿足市場需求的點子，才能生存。

一個團隊想要產生出好點子，需要腦力激盪。產業界常用一種「Design thinking」（設計思考）的方式來訓練思考，幫助大家把從使用者需求端看到的蛛絲馬跡，變成具體可行的創意方案。

有了創意方案之後，還需要「創意的管理」。也就是說，必須落實創意的規劃、執行步驟、時間表、資源、人力，逐步修正成可實現的藍圖。

再來是「資源的掌握」。任何一個經營團隊，一定要有足夠的資源，才能成事。但是「資源」不見得只有金錢，還有其他要考慮的面向。例如：可以展現產品優勢的環境，或是實現創新點子的材料、該領域的專家經驗……等等。

年輕人一開始創業時往往有的是衝勁、創意，最缺乏的就是經驗跟資金。倘若經驗不足的話，可以請具有實戰經驗的前輩指導，以擔任顧問的方式來協助。

很多人以為，創業就是要準備足夠的本錢之後才可以進行，其實不然。我常以小時候大家都讀過的《窮和尚與富和尚》，他們到西方取經的故事來比喻。

富和尚想要將路途上需要的資源都準備妥當才動身，窮和尚則是沿途托缽，與人分享他的夢想，一路上得到資助者的資源，最後成功歸來。

結果，等到窮和尚取經回來，富和尚都還未湊齊出發的本錢。

這雖然是個老掉牙的故事，但卻傳神地表達了新創所需的條件。

如果創業者能抱持著跟他人分享、一起把餅做大的「利他」觀念，許多原本不存在的資源，就會隨著時間逐漸匯集，一步步通往成功之路。

有一次，一位同學在課堂上問我：「如果不想自己創業，也需要有新創的精神嗎？」

我回答：「是的！」

即使你只是在公司裡當一個職員，也不要忘記，老闆聘請你來工作，就是希望幫助公司不斷成長壯大。如果你在工作上，把每一件小事都扎扎實實地做好，便是落實創業家的精神。

未來的趨勢、客戶的需求、新的點子、新的產品……不只是行銷或業務人員的工作，每個人都可以懷抱著無限熱情，在自己的工作崗位上努力地盡一份心力，這種「利他」的做法，也是一種對社會的貢獻。

創新與創業

去創造一個工作，而不是搶一份工作！
高科技創業是年輕人實現夢想的方式。

我在台大所推動的「創意創業學程」，逐漸成為國內創新創業的標竿。

當初我創立這個學程的時候，也立下了願景：「To Create a job, Not take a job！」希望透過學程的教育訓練，能夠鼓勵更多台大人，在離開校園的時候，能運用自己在學校中所學到的知識，開創更多的就業機會，而不是頂著台大的光環，去和大家搶一個工作。

美國著名的Kauffman Foundation顧問基金會，曾經做了一個大規模的研究，他們統計從一九七七年至二〇〇五年，就業市場變化的情形。結果發現，將近三十年來，新創立的公司平均每年為美國社會創造了將近三百萬個新的工作機會；而同一時間，舊有的公司不僅沒有貢獻多少工作機會，甚且因裁員或結束營業，造成數百萬個工作機會的消失。由此可見，鼓勵創新創業，對現代工商業社會的發展有多麼重要。

我從二〇〇〇年開始，有機會擔任國內上市櫃的審議委員，清楚看到新創事業的興衰。二〇〇〇年，台灣一整年有將近兩百家新創公司上市或上櫃，可想而知，這些公司提供了相當可觀的就業機會。但是到了二〇一〇年，依據政府官方資料統計，台灣整體上市、上櫃的公司加起來，一年總共只有四家。

顯而易見，就業市場的情況也非常不理想。行政院主計處在去年九月公布了國內失業率高達百分之四・三三%，在亞洲四小龍裡，失業率居於首位。其中，二十～二十四歲青年失業率飆至百分之十四・七七，等於每七人之中就有一人失業，這對於心中充滿理想及熱血，努力想要實現人生夢想的年輕人來說，是何等殘酷的現實考驗！

我在擔任台大電子所所長期間，觀察到一個奇特的現象，就是學生在大學時期的表現非常有創意，常勇於提出各種令人驚豔、意想不到的創新點子。可是，等到開始跟指導教授做專題研究或碩博士論文研究時，卻突然都變成了乖乖牌，不太敢頂撞老師，一切聽從老師的指導，沒有自己的想法。

我曾在MIT（麻省理工學院）參加他們的師生討論會，看到美國學生勇於和老師討論，深知這種挑戰權威的精神對於創新是很重要的。因此，我有了籌辦一個專屬於學生的「創新競賽」的念頭，希望透過競賽，解放學生受壓抑的心靈，鼓勵他們發揮創意。展開活動宣傳時，我還特別在宣傳單加上句副標：「挑戰你的指導教授！」

那段時期，我剛結束一場國際會議，從美國加州搭機飛回台灣，由於機位超售，我被升等至商務艙。

上機後不久，旁邊的乘客出現了，竟然是華碩集團施崇棠董事長。我們相見甚歡，一路上不停地聊著各項新技術的發展。

我發現施董事長真的是一位很棒的工程師兼經營者，他不僅對於各項新的電子技術抱持熱情，而且知識廣博，喜歡追根究柢，有幾次我都覺得自己快要被他考倒了！

後來，我談起正在構思的創新競賽，他表示了高度的興趣，並且主動跟我說：「這個活動非常有意義，如果需要經費贊助的話，我可以幫忙。」

感謝這段美麗的相遇，從二〇〇二年開始，台大有了校內的創新競賽。這個比賽一直舉辦至今，每年都有上百組學生團隊組隊報名參加，而且年年都可以看到不少深具創意的點子，成為學生的創意發動機。

二〇〇八年，我擔任台大副研發長期間，有感於台大校內的創新創業氛圍愈來愈濃厚，為了給學生更多訓練及嘗試錯誤的機會，我向校長建議，提供針對學生的創意實現補助方案，由學校來籌措經費，給予有市場機會、技術可行性高的創新點子一些實質上的補助，讓學生勇於嘗試產品雛形的試作。

這個構想很快地得到研發長及校長的支持，前任校長李嗣涔並加碼成立創意實現中心的專責機構，推動學生創意點子的實現。

或許在嘗試的過程中，有些點子最終還是失敗了！但所謂「越年輕時跌倒，就越有能力再站起來」，我相信，假以時日，這些受過訓練的學生，一定會帶著創新的點子，走向新創的道路。

史丹佛大學校長John Hennessy教授曾經說過：「高科技創業是經濟成長的重要因素，也是年輕人實現夢想的方式。」

Hennessy本身就是很成功的創業家，他持續推動史丹佛大學的新創氣氛，帶領年輕學生不斷地發揮創意，實現夢想。Hennessy教授指出，高科技創業所能帶動的兩大效益：帶動經濟成長，以及幫助年輕人築夢，很值得深思。

大學原本是產生原創性知識、新科技的重鎮，大學中的科學研究應該成為創造產業和社會價值的泉源。

我在多次政府的政策會議中，都提醒主事的官員們能多關心這個問題。前國科會朱敬一主委很認同這個想法，並於二〇一二年開始在國科會成立「創新創業激勵方案」，第一年開辦，就有來自國內各大專院校將近五百隊師生報名參加，看到這個成果，我覺得非常欣慰。

我很幸運的生長在台灣高科技起飛的時代，也努力地為還在學的年輕人開創更多的機會，希望提供他們將來更廣闊的發展舞台！

年輕人，做好準備，勇敢創業吧！

我鼓勵學生抱持「創造人生價值」的心態，努力創新，隨時做好迎接機會來臨的準備。

我曾經多次邀請王品集團戴勝益董事長來台大演講，暢談他的企業成功之道，他最喜歡與學弟妹們分享的是自己「九死一生」的創業心路歷程。

台大中文系畢業的戴董事長，三十九歲時離開家族企業，另起爐灶創業，結果經歷「九次創業、九次失敗」的經驗，負債上億，經常得跑銀行的三點半，後來他終於經營王品牛排有成，逐漸還清了龐大的債務。

當他決定自立門戶之前，也曾經掙扎過，後來想到洛夫的詩：「如果你迷戀厚實的屋頂，就會失去浩瀚的繁星。」因而走上創業之路。

相信大多數人和戴董事長一樣，一開始都會對創業感到怯步，不敢冒然投入新創事業。然而，也有一些勇氣十足的年輕人，對於創業躍躍欲試。

在我的創業課程中，有個學生一心想要將他與指導教授一起研發成功的人工培育綠藻技術，開發為可量產的商品。缺乏創業基金的他，滿腔熱血地拿著營運構想書，四處尋找金主，希望可以募集到兩億元台幣作為創業資金。

但是，面對一個初出茅廬又沒有實際工作經驗的年輕人，誰敢一下子把這麼多錢交給他呢？一次又一次的挫折，讓他了解到，必須先找個小一點的目標，建立客戶的信心才行。於是，他暫時轉移目標，嘗試進入有創意的軟體服務領域——App，並自行出資成立公司。但這個領域太競爭且市場變化太快，他花了很多力氣積極遊說，客戶都不買單。

還好，他在創業過程中，又發現到其他的客戶需求，便轉而投入開發設計無線監控系統的產品。雖然這與他原先設定的目標不同，不過他仍舊持續保持創業的熱情，陸續吸引了一群志同道合的夥伴，一起投入新創事業。

或許現在還難以斷言這個充滿熱情的年輕人，他的創業之夢能否真正的實現，但他努力不懈的精神可嘉！

年輕人最大的資產，就是擁有承擔風險的勇氣。臉書創辦人馬克・祖克柏（Mark Zuckerberg）的故事，相信大家都耳熟能詳，當年他看到社群網站的發展機會，大學還沒有讀完，就憑著一股衝勁去創業了。

微軟電腦創辦人比爾・蓋茲（Bill Gates）、蘋果電腦創辦人史蒂夫・賈伯斯（Steve Jobs），也因為嗅到市場趨勢，毅然決然地放棄大學的學業，全心投入創業的行業。

當然，這幾位科技業教父是少數幸運成功的特例，我並不鼓勵學生循著這樣的模式，冒然的創業。我鼓勵學生抱持「創造人生價值」的心態，努力創新，隨時做好迎接機會來臨的準備。

很多年輕人在剛開始踏入新創事業時，懷抱著滿腔熱血，很想趕快做出一項了不起的突破性產品。但是新創並非一步到位，需要經歷不同的階段。

當一棵樹還是埋在土裡的種子時，必須要耐心地等待它慢慢冒出綠芽後，再給予肥料，讓它可以快速地成長，枝葉開得更茂盛。

投入新創事業也一樣，必須一步一腳印地努力，讓大家逐漸看到公司的進步與成長。這時候，下一階段需要的資源，往往就會水到渠成地出現。

在創業過程中，如果點子、時機尚未成熟，難免會遭遇失敗。不妨從失敗當中汲取教訓，把這次的失敗，當作是累積下一次成功的能量。

煮石頭湯的故事

我在課堂上，講過一個故事：

從前，有三個士兵從戰場上歸來，在返鄉的路途中，經過一個村落，三人又飢又渴，希望跟村民要點東西吃。

因為他們是外來的陌生人，村民不願意給他們東西吃。此時，其中一個士兵急中生智，當眾宣布：「各位，既然大家都沒有食物，那麼我做一道家鄉特有的美味石頭湯，給大家嚐嚐。」

村民們好奇地問：「石頭煮的湯能喝嗎？」

一位士兵說：「首先，我們需要一個大鐵鍋，還要一些水和火。」

為了一睹石頭湯的真面目，村民之中便有人開始去借鍋子，有人提水來。

士兵又說：「我需要火……」村民也幫他生了火。

村民預備妥當之後，士兵找來了三顆非常光滑的石頭，仔細擦乾淨後，放進鍋裡煮，村民睜大眼睛看著：「真的可以變成石頭湯嗎？」

等水滾了後，士兵試了一下味道，說：「味道有點像，但在我們家鄉，會在裡頭放一些馬鈴薯、青花菜……」

有位村民立刻舉手說：「我家有！我回家拿給你。」

士兵再試試味道，說：「味道更像了，如果再加點番茄……」

結果鍋裡的食材愈加愈多，士兵接著又說：「在我們家鄉，還會撒點鹽……」

很快地，又有人舉手說：「我家有！」

鍋裡的香味四溢，引來更多的村民圍觀，此時，士兵說：「在我們家鄉，有時候會放一點牛肉進去。」

村民想一想，既好奇又不甘心就此放棄嚐嚐「美味的石頭湯」的機會，紛紛貢獻出家裡的食材。

最後，石頭湯做好了，村民們七手八腳地擺出桌椅，一起坐下來品嘗這道令人引頸期盼的石頭湯。

飽餐一頓後，又有人說話了：「既然有這麼特別的湯，再配點麵包和酒，那就更好了。」

於是，大家像在開晚宴派對一樣，盡情狂歡。開心之餘，村民還熱烈的感謝士兵：「謝謝你們教我們做石頭湯，我們從來沒吃過這麼豐盛的大餐！」

我常拿這個「石頭湯」的故事來比喻創業的過程。

一開始，如果你只是擁有一個靈光一現的點子，什麼基礎都沒有，就想跟別人要資源，或許沒有人會理你。但是如果你按部就班地去做，讓別人逐漸看到你端出來的成果，就會產生意想不到的「蝴蝶效應」。

從心理學的角度來看，每個人都希望自己是成功團隊的一分子，當看到「石頭湯」愈來愈甜美的時候，大家都想貢獻一己之力，這時候就會吸引更多的資源進來，自然更容易成功。

所以，懷抱著創業夢想的你，不要說自己什麼都沒有！任何天馬行空的想法，如果能夠好好地落實，都可以幫助你一步一步地實現自己的夢想。

最重要的是，看到機會時千萬別抱持著先入為主的排斥心理，更別害怕拿出勇氣去實踐它！

Tips

- 一個好的想法，不應該只是寫成一紙學術論文，而要能發展成具體有用的產品。
- 大家在高中、大學時期，不妨多多參加社團活動，結交一些不同背景的「異質性」朋友，互相激發創意，拓展自己的視野。
- 未來的趨勢、客戶的需求、新的點子、新的產品……，不只是行銷或業務人員的工作，每個人都可以懷抱著無限熱情，在自己的工作崗位上努力地盡一份心力，這種「利他」的做法，也是一種對社會的貢獻。
- 在創業過程中，如果點子、時機尚未成熟，難免會遭遇失敗。不妨從失敗當中汲取教訓，把這次的失敗，當作是累積下一次成功的能量。
- 任何天馬行空的想法，如果能夠好好地落實，都可以幫助你一步一步地實現自己的夢想。

後記

我在大學教書，至今已邁入第三十三年，除了前七年在成大擔任教職並取得博士學位，往後二十幾年的時間都在台灣大學度過。

這些年來，我以鄉下成長的台灣土博士之訓練經歷，帶領學生開創新興科技，成為產學界朋友口中的「技轉王」，也陸陸續續看著年輕學生進入大學、學成離開、奉獻社會到事業有成。我深信接受教育是年輕朋友豐富知識、開創人生的重要過程。然而，隨著時代和環境的變遷，大學生增加了，但就業環境卻沒有變得更好，因此近幾年來我積極投入推動校園創新創業學程及相關活動，成為創新創業的科技志工。

「技轉王」與「科技志工」的角色與一般大學的教授非常不一樣，所以，我常在各種場合受邀演講或協助指導相關活動。二〇一二年，因緣際會地在TED×Taipei針對創新教育議題發表演說，之後，就有更多的演講邀約蜂擁而來，包括出版社的出書邀請。

我寫過幾本專業的教科書，但寫一本談論自己的書，卻是從來沒有想過的事。一開始我還跟提出邀約的平安文化說，我的人生其實頗為平凡，我做的事情也是大多數人都可以做得到的，這樣的書沒有人愛看，賣不了錢的。但他們說服了我，社會中就是需要有人用真實的經歷告訴大家，好好地把身邊的事情做好、把自己該做的工作做得完美，我們就能對自己、對家庭，乃至於對社會有所貢獻。

既然要做，我希望能做到最好，期待這本書的內容能讓讀者們得到幫助，讓出版社不會後悔找我出這本書。為了將自己從田庄一路走來，到成為台大副校長的歷程跟大家分享，我很努力地挖掘以往生活的點滴，回想起很多以為已經遺忘的記憶。

十五歲前，基本上我是個小小農夫，當時也以學習當農夫為人生目標之一，但內心卻不曾放棄任何跨越現狀的機會和夢想。我從鄉下來到台北，從農耕跨越到科技研究，從土博士邁向世界第一的貝爾實驗室，也勇敢地跨出了學術象牙塔，與產業界朋友一齊捲起袖子，共同解決問題。這段從一個小農夫到技轉王的旅程，期間固然有許多機遇與巧合，但大多數發展的初期，各種資源條件是非常不足的；很多後來看起來不錯的成果，最初也都只是源於我想把一件事好好做好的傻勁。希望這種愚公移山般不放棄、不服輸的生活態度，能給一些目前碰到困境的朋友們一點啟示或鼓舞。

從西元二〇〇〇年以後，我參與了不少推動創新創業的經驗，以及陸續擔任各種職位的主管，從中觀察體認到推動創新的重要性。我是個科學教育工作者，也許沒有太多的管理理論基礎，但我帶過的幾個團隊，往往都能夠在短時間內脫胎換骨，成為高績效、能創新、有活力的團隊。我把「農耕式教育」看長不看短的理念帶到職場，強調「平衡的生活，人性的管理」，讓團隊看清楚創造價值、創造意義的人生目標，使同仁們在工作上更積極、更有熱情。希望這種農耕式的經營管理之道，也能作為許多朋友在職涯管理規劃時的參考。

當然，這本書能夠順利完成要感謝許多人。首先，我要謝謝平安文化的穗甄、婷婷、家怡、韻琴和家芬的積極協助；此外，也要謝謝我的助理雅絢、玉霜和秘書鴻儀。

我的母校雲林復興國小、永年中學、建國中學，提供了我成長的養分，大學教育則是我邁向專業職涯的開端，我很幸運地在大學時期遇到幾位恩師，他們都是我生命中的貴人。我的導師孫育義，論文指導教授吳添壽、張俊彥、蘇炎坤、李肇嚴、王駿發等老師，他們的身教和言教，讓我一生受用不盡，終身感激；而成大務實踏實的校風，則影響我一輩子。

感謝產業界的朋友們，他們提供了我許多產業知識和產學合作的支持。也要感謝我在成大、台大、工研院和國研院的同事們，和這群團隊成員在一起共事的過程中，我們不斷的互相切磋、鼓勵，是帶給我成長進步的動力。

從小包容我、鼓勵我的家人們，是我一輩子的靠山，親情的力量也讓我不畏艱難地向前進。而我人生中最大的支柱，是我太太素梅，她無時無刻都是我的充電器，碰到挫折時，給我安慰；揚帆啟航時，給我能量。事實上，在工作上常有遇到沮喪、想要放棄的時刻，都是她給予我支持的力量和愛的鼓勵，我很慶幸自己的人生裡有她一路相隨。

最後我要感謝這二、三十年來，陪著我在實驗室裡奮戰的學生們，由於他們找我當指導教授，逼著我不停學習、不斷創新，才能走到現在；對我來說，他們才是真正的「技轉王」。

二〇一四年一月二十七日敬筆

陳良基教授創新誌

●創設國科會晶片實作中心

是一種新的服務模式創新、提供晶片設計人員的整體服務平台，這種創新的方式至今仍為全球典範。每年服務將近兩千位研究生，成為培育國內ＩＣ界工程師的重要人才搖籃，也使臺灣成為全球最佳晶片設計學習環境，是促成國內ＩＣ產業界及學術界晶片研發成為世界一流的關鍵。

●創設臺灣積體電路設計學會

有效成為凝聚國內ＩＣ設計教授群聚的平台，並主辦國內最大學術會議——VLSI Design/CAD Symposium、獎勵優秀的教師、學生、研發人員。

●創設全國系統晶片教育改進聯盟

集全國學術界力量改善晶片設計教育，包括教材改進，以及舉辦競賽等相關活動，吸引日、韓等國前來觀摩。

● 創立台大Intel創新研究中心

這是國內第一次能與國際大廠成立頂尖研究中心，從事未來機器與機器對談的科技研究。

● 創立台大系統晶片研究中心

為國內首創的產學聯盟，吸引二十家公司進駐，成為台大電子相關研究與業界的橋樑。

● 創立產學聯盟

以台大Intel中心為範本，在國內推動數個產學聯盟，使得國內產業界及學術界首次大規模的合作研發創新技術。

● 創立台大創新競賽

至今已邁入第十二屆，每年皆吸引上百隊學生團隊參加比賽，激發台大校園內創新活動。

● **創立台大創新創業學程、台大創聯會**

至今已邁入第六年，辦理NTU Startup Day，每年皆吸引數百至千位同學參與。

● **推動國內創新創業風潮**

推動國科會創新到創業激勵計畫，為國內首創，目前已有超過四百五十隊參與。

● **成立「台大車庫（NTU Garage）」**

提供創業團隊創業相關的輔導與服務。計畫每年培育三十個新創團隊，預計十年後可創造上千個新創公司。

● **創立台大天使俱樂部**

邀集有投資經驗的校友成立的志工團體，協助創業團隊的資金募集，目前已順利幫助數家台大學生或校友的新創公司，積極扮演創業過程中的天使角色。

＊本書版稅全數捐贈「財團法人台灣大學學術發展基金會」推廣創意創業使用

國家圖書館出版品預行編目資料

創新的人生/ 陳良基 著； -- 初版. -- 臺北市：平安, 2014.05
面；公分. -- (平安叢書；第442種)(邁向成功 ;53)
ISBN 978-957-803-905-6（平裝）

1.陳良基 2.傳記

783.3886 103007131

平安叢書第442種
邁向成功53
創新的人生

作　　者—陳良基
發 行 人—平　雲
出版發行—平安文化有限公司
台北市敦化北路120巷50號
電話◎02-27168888
郵撥帳號◎18420815號
皇冠出版社(香港)有限公司
香港銅鑼灣道180號百樂商業中心
19字樓1903室
電話◎2529-1778　傳真◎2527-0904
總 編 輯—許婷婷
美術設計—王瓊瑤
著作完成日期—2014年1月
初版一刷日期—2014年5月
初版十二刷日期—2023年09月
法律顧問—王惠光律師

讀者服務傳真專線◎02-27150507
電腦編號◎368053
ISBN◎978-957-803-905-6
Printed in Taiwan
本書定價◎新台幣280元/港幣93元